Vom Glück des Gartens

Marie-Thérèse Haudebourg

VOM GLÜCK DES GARTENS

Gartenparadiese im Mittelalter

JAN THORBECKE VERLAG

Aus dem Französischen von Uta Korzeniewski

Bibliografische Information Der Deutschen Bibliothek
Die Deutsche Bibliothek verzeichnet diese Publikation in der Deutschen Nationalbibliografie; detaillierte bibliografische Daten sind im Internet über http://dnb.ddb.de abrufbar.

www.thorbecke.de · info@thorbecke.de
Titel der französischen Originalausgabe: Marie-Thérèse Haudebourg, Les Jardins du Moyen Âge,

Wir danken allen Rechteinhabern für die freundliche Genehmigung zum Nachdruck. Trotz nachdrücklicher Bemühungen ist es uns nicht gelungen, alle Rechteinhaber zu ermitteln. Wir bitten diese daher um Verständnis, wenn wir gegebenenfalls erst nachträglich eine Abdruckhonorierung vornehmen können.

Dieses Buch ist aus alterungsbeständigem Papier nach DIN-ISO 9706 hergestellt.
Gestaltung: Finken & Bumiller, Stuttgart
Gesamtherstellung: Jan Thorbecke Verlag der Schwabenverlag AG, Ostfildern
Printed in Germany · ISBN 3-7995-0131-2

Inhalt

Vorwort

Die Gärten des Mittelalters, ob klösterlich oder weltlich, hatten Teil an der Gesellschaft, die sie geschaffen hatte, dem technischen Fortschritt, aber auch den Überzeugungen und Idealen ihrer Schöpfer. Darum möchte ich vorweg einige Worte über den Sinn des Strebens dieser Mönche und Ritter sagen.

Das Mittelalter war eine zutiefst mystische Epoche. Als einziger Garant von Einheit und Stabilität nach dem Zusammenbruch des römischen Reiches versuchte die Kirche jahrhundertelang, auf dessen Trümmern eine allumfassende Christenheit zu errichten.

Tiefgläubig lebten die Menschen in der Hoffnung auf das Jenseits. Für sie war die Welt ein Gleichnis für Gottes Gedanken, alles war nur geschaffen, um die Menschen über den Willen des Schöpfers zu unterrichten. Vom Kreislauf der Planeten bis zu dem der Jahreszeiten gehörte alles einer großen kosmischen Ordnung an. Diese mußte man aus dem einen Grund verstehen, um Gottes Gedanken zu erfassen. Um seine Geschöpfe zu leiten und damit sie dieses große Buch der Schöpfung lesen konnten, hatte Gott den Menschen ein anderes Buch gegeben, das von der Erschaffung der Welt und von Gottes Volk erzählte, ein Spiegel der Wirklichkeit, aus dem alle Erkenntnis kam: die Bibel.

So war langsam die Gewißheit gewachsen, daß jede Episode der Bibel nicht nur vollkommen und unzweifelhaft historisch war, sondern außerdem eine Botschaft Gottes an die Menschen. Jeder Geschichte des Alten Testaments mußte eine im Neuen Testament entsprechen. Die Schöpfung selbst war voller Zeichen, und der Ausdruck »im Buch der Natur lesen« war nie so bedeutungsvoll wie zu jener Zeit. Immer und überall zeigte sich Gottes Gegenwart, denn die Naturgesetze waren Ausdruck seines Willens und seiner unermeßlichen Macht. So nahm man das Universum als stimmiges Ganzes aus Bildern wahr, aus Gleichnissen die sich aufeinander bezogen in einer Kosmologie, in der jedes Kraut auf Erden sein Gegenstück im Himmel hatte, in jener unerreichbaren und doch völlig realen Welt, die die sichtbare umfing und beherrschte.

Erschaffung der Welt

Alles war Zeichen, und alle Zeichen kamen von Gott. Wie könnte man ohne diese Idee begreifen, daß z. B. noch in der Renaissance das Aussehen der Pflanzen als »Signatur« betrachtet wurde, die die Organe abbildete, die die Pflanze heilen konnte? So glaubten die Christen, daß genauso, wie Gott dem Sünder die Möglichkeit zur Umkehr gebe, er auch dem Kranken die Mittel zur Heilung gegeben und die nötigen Heilmittel in der Natur angelegt habe.

So viel Schönes und Nützliches darf selbst der zum Leben in Mühen verdammte Mensch durch Gottes Güte schauen und erfassen – wo soll ich mit dem Reden aufhören? Bei der vielfältigen Schönheit von Himmel, Erde und Meer, bei der Fülle und Schönheit des Lichts selbst, bei Sonne, Mond und Sternen, dem Schatten der Wälder, den Farben und Düften der Blumen? Welche Fülle an Lebensmitteln gegen den Hunger! Welche Vielfalt an Geschmack bietet die reiche Hand der Natur gegen die Appetitlosigkeit schon ohne die Hilfe der Kochkunst. Welche unendlich große Zahl von Hilfen zur Erhaltung oder Wiederherstellung der Gesundheit!

AUGUSTINUS, *Die Stadt Gottes*

Vom Pelikan ging die Legende, daß er seine Kinder mit seinem eigenen Blut ernährte. Darum führten ihn Autoren wie Honorius von Autun (12. Jhd.) in Predigtsammlungen als Symbol Christi an

Die Menschen des 12. Jahrhunderts bauten eine ganze Kosmologie auf, die den Menschen in den Mittelpunkt der Schöpfung stellt und ihn zum Mittler zwischen der Welt und dem göttlichen Geist macht.

Bestehend aus den vier Elementen, aus denen das ganze sichtbare Universum aufgebaut ist, und beseelt von Gottes Geist ist der Mensch für sie nicht nur Mikrokosmos im Makrokosmos, sondern auch wesentlicher Teil des Kosmos, in den ihn ein riesiges Netz von Zeichen einbindet, das zwischen Himmel und Erde, Mensch und Gott gewirkt ist. Die mittelalterlichen Autoren fanden immer neue Beweise, um das kohärente und geordnete Bild einer vollkommenen Welt zu bestätigen.

Unter denen, die dies versuchten, zitiert man oft Honorius von Autun, aber auch Hildegard von Bingen, die reichhaltige Visionen beschreibt. Sie sagt:

Gott hat im Menschen alle Geschöpfe angelegt. Er hat in ihm auch die Reihenfolge der Jahreszeiten nachgebildet: Der Sommer entspricht dem wachen Menschen, der Winter dem Menschen, der schläft. Der Winter verschließt in sich, was der Sommer freudig hervorbringt.

Liber Divinorum operum

Sie erklärt, wie jedem Monat ein Organ entspricht: dem Januar das Gehirn, Februar die Augen, März die Ohren ... Daher beeinflussen die Sternbilder die Ge-

sundheit, die auch die Feldarbeit einteilen, dem Jahreslauf und den vier Elementen entsprechen. Dies erklärt, warum die Sternbilder, heute als heidnischer Aberglauben gesehen, so oft an den Torbögen der Kirchen erscheinen: Sie bezeichnen die unsichtbaren, doch mächtigen Verbindungen zwischen Himmel und Erde.
So maßen die Menschen jener Zeit der Realität der Welt oft weniger Bedeutung bei als ihrer symbolischen Wiedergabe. Auch ohne Schulbildung konnten sie an den Türen der Kirchen in den Steinmetzarbeiten voller Allegorien lesen, die uns heute überraschen und verwirren. Sie glaubten fest an die Existenz des Einhorns, das niemand gesehen hatte und dessen Realität auch nie jemand überprüfte.
Jahrundertelang hat der Sinn vieler Symbole sich weiterentwickelt. Manche sind reicher geworden, manche vergessen oder umgeformt. Die Symbolik des Gartens unterliegt derselben Entwicklung. In der allmählichen Wandlung vom religiösen in den profanen Bereich spiegelt sie die Wandlungen der Gesellschaft wieder.
In einer Zeit, da Armut, Gewalt und Krankheit wimmernde, verkrüppelte und bucklige Gestalten auf die Straße und vor die Tore der Kirchen zwangen, lastete die Erbsünde bedrückend auf den Menschen. Der Blick in die Zukunft war versperrt von der erschreckenden Vision der Apokalypse, zugleich ersehnt und gefürchtet, da sie das bevorstehende Ende der Welt ankündigen sollte.

Hildegard von Bingen verbindet die Elemente mit den Jahreszeiten

Der einzelne sah sein Leben als Weg von der Geburt zum Tod wie die Menschheit von der Schöpfung zur Apokalypse, eine Prüfung vor dem ewigen Glück. Es zählte daher nur die Hoffnung, sich vom der Sünde Adams und Evas zu befreien, um endlich für immer die ursprünglichen Genüsse des Paradiesgartens wiederzufinden.
Zwar war Jesus als neuer Adam gekommen, die Erbsünde von der Menschheit zu nehmen. Aber in der immer noch von Sünde besudelten Welt konnten nur die Gerechten und die Guten darauf hoffen, den Weg zum ewigen Paradies wiederzufinden. Dieser Suche widmeten die Mönche ihr Leben, in der Hoffnung durch ihre Entsagung die ganze Christenheit zu Gott hin zu ziehen. Das Wort »Mönch« kommt vom griechischen »monos«, welches »eins, einzeln« bedeutet: Ein Hinweis auf die Einsamkeit, nach der die Mönche seit den ersten Eremiten in der ägyptischen Wüste gesucht haben, Erinnerung an die Einzigkeit Gottes.
Aus ihrer Sicht lebte der Mensch vor dem Sündenfall als Geschöpf Gottes in vollkommener Harmonie mit sich selbst und der Schöpfung. Solange ihn nichts aus dieser Übereinstimmung mit seinem Schöpfer entfremdete, hatte der Mensch im göttlichen Garten das unbeschreibliche Glück, Gott betrachten zu dürfen. Indem sie vom Baum der Erkenntnis aßen, hatten Adam und Eva dieses Gleichgewicht zerstört. Aus dem Paradies verjagt, in die irdische Welt geworfen, fehlte ihnen nun

die Nähe Gottes, den sie nun nicht mehr erkennen konnten. Aus diesem Grund steht im Mittelalter die Zahl Zwei für das Eindringen des Teufels in die Schöpfung, die Trennung oder der Bruch der ursprünglichen Einheit. Der Teufel ist der, der entzweit. Diesen Riß sah der mittelalterliche Mensch durch die Welt gehen und fand in allen Gegensätzen eine Dualität wieder: heiß und kalt, hoch und tief, gut und böse, Geist und Materie, die himmlische und die irdische Welt, die Hölle und das Paradies.

Bernhard von Clairvaux, der berühmte Mystiker und Leiter des Zisterzienserordens, lebte von etwa 1090 bis 1153

Einsiedler und Mönche befinden sich auf der Suche nach der Fülle, die durch die Sünde zerstört wurde. Mönch werden bedeutet, die innere Einheit wiederzufinden, die allein den Menschen mit seiner Natur versöhnt und ihm damit eine Verbindung zu Gott ermöglicht: »In einer wunderbaren Selbstvergessenheit, wie von sich selbst befreit, wird er ganz in Gott eintreten; und von nun an, eng mit Gott verbunden, bildet er mit ihm nur einen einzigen Geist.« (Bernhard von Clairvaux, *De amore Dei* – Von der Liebe zu Gott, Kapitel 15).

Diese vollkommene Leere erreicht man, indem man sich von allen körperlichen und geistigen Sorgen, von allen Ablenkungen abwendet. Dafür haben sich die Einsiedler am Anfang des Mönchtums in die Wüste zurückgezogen. So versucht der heilige Hieronymus (347–419) einen Mönch namens Heliodor, der zu seiner Familie zurückgehrt war, zur Rückkehr in die Wüste zu bewegen, indem er ihm klar sagt, daß er Christus nur treffen könnte, wenn er wie die Apostel auf seine Freunde, seine Familie, seine alte Mutter verzichte und besonders auf die Stadt, der Hieronymus die Einsamkeit und Stille der Wüste entgegenstellt.

Für die ersten Einsiedler ist die Wüste die Arena, in der sich der Kampf gegen den Teufel abspielt; sie ist immer als gefährlicher Ort angesehen worden. Sie ist ein Ort der Prüfung, ein Schlachtfeld gegen die bösen Kräfte. Johannes der Täufer hat hier der Versuchung widerstanden, und gerade hier hat der Teufel Jesus versucht. Die erbaulichen Geschichten zeigen die Wüstenväter daher von Teufeln bedrängt, die sie ständig von ihrer Versenkung abbringen oder sie durch alle möglichen Schrecken oder erotische Versuchungen entmutigen wollen.

Anstelle der Wüste wählen viele Klöster des Abendlandes, besonders die der Zisterzienser, entvölkerte Landstriche, oft ungastliche Landschaften. Sie verbergen sich in undurchdringlichen Wäldern, drängen sich in engen Tälern, richten sich auf steilen Bergen oder einsamen Hochebenen auf, manchmal auch auf Inseln, immer entfernt von Massenansammlungen und großen Verkehrswegen. Zur Abgeschiedenheit der Natur kommt immer noch die Grenze der Klausur. Cassiodor (ca. 486–580) sagt vom Kloster von Montecastello: »Der Ort ist so einsam wie eine Wüste, denn er ist ganz von einer Mauer umschlossen.« (*Institutiones*).

In seiner Strenge und seiner Entäußerung ist das Kloster eine Wüste, und dieser Name ist in den Zisterzienserklöstern erhalten geblieben für den kleinen Raum, der die Zellen abschließt. Aber streng heißt nicht ohne Schönheit. Denn seit jeher glauben die Mönche, daß alle Schönheit von Gott kommt und an der göttlichen Vollkommenheit teilnimmt. Die Strenge und die bewußte Einfachheit des Gartens im Kreuzgang eröffnen eine Welt voller Ruhe, die zur Einkehr lädt.
Bei den Benediktinern leben die Mönche für die Gemeinschaft. Ihre geschlossene Welt, selbst wenn sie ein Zufluchtsort vor der Welt sein will, hallt daher jeden Tag wieder vom Lärm der Mönche und der Diener, die in den Schmieden arbeiten, Bauwerke errichten oder reparieren, Holz für Küchen und Bäckerei sägen ... Diese Gemeinschaft ist auch erfüllt vom Geruch und den Geräuschen der Tiere in den Ställen, im Hühnerstall oder im Taubenschlag.
Umso mehr soll inmitten dieser unvermeidlichen Aufregung der Kreuzgang einen Ort der Ruhe bilden. Damit jeder Mönch inmitten seiner Brüder Ruhe finden und mit sich selbst allein bleiben kann, betont die Regel den Wert von Ruhe und Zurückhaltung: Sie verbietet jedes unnütze Wort. In der Intimität des Kreuzgangs, zu dem nur die Brüder zugelassen sind, ist dieses Verbot am strengsten. Hier beten die Mönche in leisem Gemurmel oder lesen die Schrift. Im Kloster von Fontenay ist der Kreuzgang so angelegt, daß die Mönche, die im äußeren Gang umhergehen, die Personen auf der anderen Seite nicht sehen können. So ist der Kreuzgang Klausur innerhalb der Klausur, repräsentiert den Teil des mönchischen Lebens, der die Stille und Einsamkeit bewahrt, die den Wüstenvätern so lieb waren.

In den Legenden sehen wir die Wüstenväter vom Teufel bedrängt

Doch Schritt für Schritt bevölkern sich die zurückgezogenen Orte der Klöster, die brachliegenden und wilden Landschaften, die sie umgeben, werden Ackerland. Früher oder später ruft die Glocke nicht nur die Mönche zum Gebet, sondern gibt auch dem Bauern aus der Umgebung die Zeit an. So wird die Abtei, die vorher einsam lag, schließlich zur Wegkreuzung in ihrer Landschaft. Aber am Rand der Klausur bricht dieser Weg ab: Dem Pilger, dem Reisenden, der um Gastfreundschaft bittet, dem Bauern, der Abgaben bringt, verwehren hier hohe Mauern und eine schwere Tür den Zugang.
Rundum von einer mächtigen Mauer umgeben, manchmal selbst von einem Wassergraben, haben die Abteien von außen das Erscheinungsbild einer Festung: Burg des Glaubens, in deren Schutz die Mönche das zu bewahren suchen, was dem Menschen von seinem ursprünglichen Umgang mit dem Schöpfer bleibt.
Die Mönche meiden daher die Stadt, auf deren Plätzen laut St. Hieronymus »der brüllende Löwe des Bösen lauert, um die Unschuldigen zu verschligen«.

Sie tun dies, um auf einsamem Gelände eine andere Stadt zu bauen, eine bessere und dauerhaftere. Eine Stadt, die nicht von dieserWelt ist und die der heilige Augustinus den Gottesstaat nennt. Wenn man das Kloster als Neue Stadt versteht, erklärt sich auch, warum die Klöster wie Städte angelegt sind.

Der Kirchenvater Hieronymus (347–420) wird in der Kunst oft mit einem Löwen dargestellt

Dieser Vergleich drängt sich auf, wenn man sich den Klosterplan von St. Gallen ansieht. Heito, der Abt des Klosters Reichenau, ließ ihn um 830 für Gozbert, den Abt von St. Gallen, auf fünf zusammengenähte Pergamente zeichnen, als dieser das Kloster nach einem Brand wieder aufbauen mußte.

Mit Erklärungen in Versen versehen, zeigt der Plan eine vollkommene Ausgewogenheit zwischen den Anforderungen des Klosters und den alltäglichen und spirituellen Bedürfnissen der Mönche. Alles ist eingeplant, nicht nur die Kirche, der Kreuzgang, der Speiseraum, der Schlafraum, das Novizenhaus und der Friedhof, sondern auch alle möglichen Nutzgebäude wie eine Krankenstube, Ställe, die Schmiede, die Bäckerei, die Küche, ein Hof für die Hühner und einer für die Gänse. Der Plan gibt auch klare und einzigartige Angaben über die Klostergärten, deren uralte Tradition so eng mit der Heiligen Schrift verknüpft ist.

Auch wenn man über seine Entstehung nicht viel weiß, erkennt man im Plan doch die biblischen und symbolischen Bezüge und das Bemühen, sie in mit den Mitteln der Architektur umzusetzen. Es ist klar, daß dieser Plan eine symbolische Zielrichtung hat, die über die rein materiellen Erfordernisse hinausgeht: In seiner Vollkommenheit repräsentiert das Kloster den Tempel Salomos und das himmlische Jerusalem, von dem die Offenbarung sagt, daß sein Glanz einem Edelstein gleiche, einem Jaspis klar wie Kristal. Es war umgeben von einer Mauer, gekrönt mit Edelsteinen aller Arten. Die Tore, zwölf an der Zahl wie die Stämme Israels und die Aposteln, waren jedes aus Perlen gemacht.

Vollständig ist der Klosterplan in St. Gallen wahrscheinlich nicht umgesetzt worden; er bleibt jedoch grundlegend für die Geschichte des Klosterbaus. Sicherlich hat er Anregungen erhalten von den karolingischen Ordensgemeinschaften, die von 786 bis 855 mehr als vierhundert Klöster gebaut haben. Danach hat man ihn durch das ganze Mittelalter hindurch als Vorbild genommen und immer wieder an verschiedenen Orten kopiert und abgeschrieben.

In der Mitte des Plans befindet sich ein Garten, denn von den Visionen, die die Geister zwischen Furcht vor dem Weltende und Hoffnung auf ein besseres Leben bewegten, war der Garten eine der verführerischsten und der bedeutungsreichsten: Garten Eden, Garten der Todesangst Christi und seiner Auferstehung, Hochzeitsgarten des Hohelieds der Liebe – der Garten hatte in der christlichen Tradition un-

endlich viele Bedeutungen, von denen wir heute nur noch eine oberflächliche Vorstellung haben, die ihn zu leicht mit dem Garten der Minne vermischt.
Wenn auch zwischen dem Garten der Mönche und dem der Ritter Ähnlichkeiten bestehen und der ritterliche Garten ebenfalls vielfältig und reich an Bedeutungen ist, so ist es doch klar, daß man ritterliches und klösterliches Ideal nicht in einen Topf werfen kann. Denn wenn man den »verschlossenen Garten« der Kirche mit dem Liebesgarten der höfischen Literatur verwechselt, verkennt man die vielfältigen Ursprünge der weltlichen Literatur und ihre Originalität. Die ritterliche Dichtung schöpft zwar ebenfalls aus den Quellen des Christentums und besonders der antiken Literatur, verdankt aber auch einiges alten keltischen bzw. germanischen Traditionen, die auch während der Römerzeit immer präsent waren.
So wenig wie man alle Bedeutungen des Klostergartens erfassen kann, ohne die spirituelle Suche der Mönche zu verstehen, so wenig kann man erfassen, was die höfischen Gärten bedeuten, wenn man nicht weiß, was die ritterliche Dichtung für den Adel bedeutet und welche Verbindung sie mit der Religion hat.
Seit dem Rolandslied aus dem 11. Jahrhundert verwurzelt sich die Literatur im weltlichen Bereich. So enthält das Rolandslied zum Beispiel wie fast alle epischen Gedichte wiederkehrende Anspielungen auf Baumgärten, in denen sich die Könige beraten. Viele dieser Szenen spielen sich unter Fichten ab, in der Nähe von Quellen. Die Häufigkeit dieser Szenen und ihre Kürze lassen auf einen symbolischen Sinn schließen.
Zur alten bretonischen Tradition, die im 12. und 13. Jahrhundert in der Legende vom Graal und den Rittern der Tafelrunde durchscheint, kommt der nicht unbedeutende Beitrag der antiken Literatur und Dichtung. Diese war im übrigen auch von den Mönchen geschätzt (manchmal mehr als sich ziemte), wenn auch oft nur in einer moralisierenden Version, und ihnen ebenso vertraut wie die Bibel und ihre unzähligen Kommentare.
Seit dem 11. Jahrhundert bringt die Ausbildung zu viele Geistliche hervor, die sich dann auf die Fürstenhöfe ausbreiten, um ihren Lebensunterhalt als professionelle »Reimer« zu verdienen. Auf diese Weise verbreitete sich die antike Kultur unter den Adligen. Unter den 18 000 Versen des Rosenromans von Jean de Meung findet man um die 12 000 Entlehnungen aus antiker Dichtung, davon 2000 allein aus Ovid; dies zeigt den großen Einfluß der Alten auf die mittelalterliche Dichtung.

Auf der Reichenau entstand der St. Galler Klosterplan

So haben sich antike Einflüsse mit keltischen und germanischen Legenden und den Regeln der Feudalherrschaft vereint, um die höfische Dichtung zu schaffen.
Aus der Sicht des Christentums und der Feudalgesellschaft jedoch sah das Bild, das sich ein gebildeter Mensch des Mittelalters von den antiken oder keltischen Helden

Der römische Dichter Ovid (43 v. Chr. bis ca. 17 n. Chr.) beschrieb in seinem Gedicht »Metamorphosen« zahlreiche Verwandlungen von Menschen in Pflanzen: so wurde Myrrha zum Myrrhenbaum, der Jüngling Narziß zur Narzisse und Daphne zum Lorbeerbaum

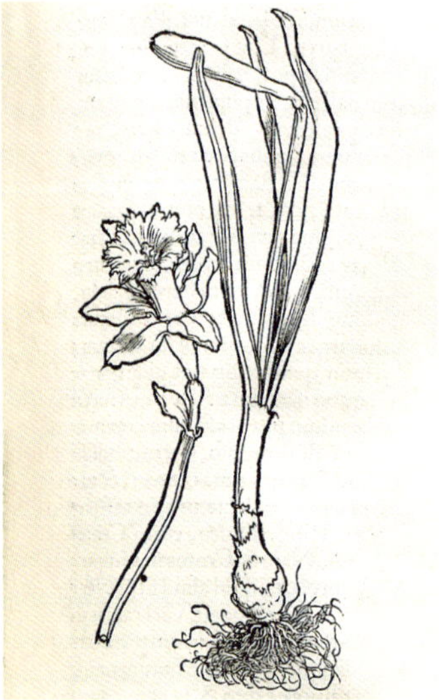

machte, ganz anders aus als bei den Alten. Die seit dem 10. Jahrhundert neu entstehende Schicht der Ritter gibt dieser Literatur ihre eigenen Sitten, ihre Ideale, ihre Träume. So ist die Idee eines Liebesrechts zwar von Ovids »Liebeskunst« inspiriert, im einzelnen sind die Regeln der höfischen Liebe jedoch von den Mechanismen der Feudalgesellschaft geprägt. Aus Ovids Hartnäckigkeit in Liebesdingen wird in der höfischen Dichtung eine Treue über alle Prüfungen hinweg. Das 12. Jahrhundert, das die ritterliche Dichtung gebiert, die so eng mit dem Bild des Gartens verknüpft ist, ist gleichzeitig so reich an Entwicklungen und Veränderungen, daß man unmöglich alle Einflüsse zurückverfolgen kann.

Auf jeden Fall ist alle Kunst des Mittelalters, weltlich oder geistlich, eine verschlüsselte Kunst, die sich an ein Publikum richtet, das im Entschlüsseln solcher Botschaften geübt ist. In den Kathedralen erkennt der Gläubige die Heiligen auf den Bildern an ihren Heiligenscheinen, eine einfache Lilien spricht ihm von der Reinheit Mariens, eine Taube vom Heiligen Geist. An seinem Schlüssel erkennt man den heiligen Petrus sofort, das Schwert gehört zu Paulus, der Turm oder die Harfe zu David, der Löwe zu Markus usw. Das geht so weit, daß die Spezialisten bei einer leeren Nische sagen können, welcher Heilige dort stand, wenn sie die Symbole um ihn herum betrachten.

Der Bildhauer des Mittelalters kannte die Attribute, die er den Personen mitgeben mußte, damit auch das einfache Volk sie erkennen konnte. Die Größe der Personen, ihr Platz auf dem Bild oder dem Relief, alles ist geregelt, festgelegt. Auch für die Landschaften auf Bildern und Buchmalereien bestehen ähnliche Regeln. Ausgehend von der Wirklichkeit stellt der Künstler eine ideale Landschaft dar, deren Teile aus einer biblischen Welt kommen, wo fast alle Elemente ihre Bedeutung haben.

Man könnte nun meinen, diese Beschränkung rühre daher, daß die Bilder zur Belehrung der Gläubigen geschaffen wurden, die nicht lesen konnten. Doch diese Erklärung reicht nicht aus, denn nicht nur die Bildhauer und Maler, auch die Dichter müssen im richtigen Moment das Bild, das Wort anführen, das auf einen Zusammenhang hinweist, eine Person einordnet.

So sind die sicherlich flüchtigen und stereotypen Hinweise auf Baumgärten in der mittelalterlichen Literatur das, was man einen »Topos« nennt, ein Klischee, das auf eine Vorgeschichte verweist, die allgemein bekannt und Teil eines gemeinsamen Wissensschatzes ist. Im Mittelalter bilden diese Klischees die »Topik«, ein rhetorisches Vorgehen, das den Autoren Bilder und Anspielungen lieferte, mit denen sie ihre Kenntnis der Regeln bewiesen. Auch wenn sie manchmal recht abgedroschen waren, hatten diese Motive den Vorteil, daß sie den Leser in eine suggestive und vertraute Welt hineinzogen, die einen reichen Hintergrund an Nebenbedeutungen und Anspielungen bildete, die uns manchmal völlig fremd sind.

Dem Leser, der sich mit dieser Sprache auskennt, reicht manchmal ein Wort, um dem Texte einen ganz bestimmten Beiklang zu geben. So können die Speisen eines Mahls, die Art eines Geschenks den Zusammenhang einer sozialen Hierarchie bestimmen. Auch die Farben haben ihre Sprache. Wenn Ywain bei einem viertägigen Turnier zuerst eine schwarze Rüstung anlegt, bedeutet das die Demut, die Erwartung. Die grünen Waffen des zweiten Tags sind Zeichen der Kraft und der Jugend, das Rot des dritten Tages Zeichen der Reife, und das Weiß des letzten Kampfs die Erfüllung in der Reinheit. Dieses Fortschreiten erinnert an die Stufen der alchemistischen Werke. Obwohl diese Andeutung, die das Werk poetischer macht, für Eingeweihte bestimmt scheint, entging sie doch dem mittelalterlichen Publikum nicht.
So sieht es natürlich auch mit den Anspielungen auf Gärten aus. Die Gärten, das Wasser und die Bäume der höfischen Dichtung müssen in einem solchen System für christliche Leser, vertraut mit dem Paradiesmythos, zahlreiche Allegorien enthalten, die sich je nach ihrer Funktion in der Geschichte überlagern oder variieren.
Beim Schritt vom geistlichen zum weltlichen Kontext kann man dennoch die Symbolik nicht eins zu eins übertragen. Auf dem Weg vom Kloster an den Hof fächert sich das Bild des Gartens auf, es verändert sich, wird auch reicher.
Doch es bleiben Gemeinsamkeiten: Die Vorstellungskraft der Ritter und der Geistlichen trifft sich oft genug, denn sie schöpfen beide aus denselben Grundmythen und Archetypen, zu denen auch der Garten gehört.
Auf jeden Fall spielt auch die Religion eine wesentliche Rolle in dieser Literatur: Die Ritter, die den Gral suchen, sind zwölf wie die Apostel. Und der Gral, der Kelch, in dem Joseph von Arimathea das Blut Christi aufgefangen haben sollte, zeigt schon, daß das ritterliche Ideal auch christlich ist. Dieser Hintergrund ist grundlegend für die Symbolik des höfischen Gartens.
Dennoch sind die mittelalterlichen Gärten nicht nur Produkte der Vorstellungskraft. In den Klöstern, Burgen, Städten und Dörfern, bei den Hütten der Bauern erstreckten sich wirkliche Höfe und Gärten, die Gemüse, Früchte, Kräuter und Blumen für den Alltag hervorbrachten. In Abhängigkeit von der Architektur und Lebensweise hat ihre Anlage wie ihre Symbolik sich sicherlich im Laufe der Zeit gewandelt, je nach den Bedürfnissen, den Veränderungen und den technischen und kulturellen Entwicklungen.
Wir haben zwar Reste antiker Gärten und auch solcher aus der Renaissance, aber praktisch nichts dergleichen aus dem Mittelalter. Wir können sie uns daher nur vorstellen, anhand der wenigen und lückenhaften Texte, die von ihnen sprechen. Über ihre Symbolik hinaus sind die literarischen Beschreibungen auch hier von Wert, besonders da sie manchmal durch Miniaturen illustriert sind, die zeigen, wie diese Gärten aussehen konnten. Texte über die Kochkunst und die Nahrungsmittelzubereitung sagen uns einiges über die Gemüse und Früchte, die man aß. Auch die medizinischen Bücher sind nützlich, die verschiedene Heilpflanzen aufzählen. Darüber hinaus geben ab dem 15. Jahrhundert wieder erste Bücher Ratschläge zum Gartenbau.
So ist es schließlich doch möglich, nicht nur zu verstehen, was der Garten in der mittelalterlichen Bilderwelt bedeutete, sondern auch, wie die Gärten der Klöster, Schlösser und Privathäuser aussahen.

C. un monge rogaua semp̃ santa maria q̃lli mostrasse o ceo̊ parayso.
C. o monge entrou na orta e achou hũa mui fremosa fonte. 2.
Como o monge oyu cantar hũa passarinna e esteue .ccc. anos al son dela
Como o mõge se marauillou do portal que el non leyxara feyto. 2.
C. os mõges nono cõnocian e el contoulles todo feito como ll auẽera
C. el e todolos outros mõges loaron muito santa maria. 2.

ERSTER TEIL – KLOSTERGÄRTEN

Klostermauern umschließen das Leben der Mönche. Gleichzeitig schützen sie, sorgfältig angeordnet und instand gehalten, immer einige Morgen Gartenland. Seit den Anfängen des Mönchtums pflegten die Geistlichen diese stillen Umfriedungen, die im wörtlichen wie im übertragenen, im weltlichen wie im geistlichen Sinn einen wichtigen Platz hinter den Klostermauern einnehmen.

Seit die Wüstenväter beschlossen, in den Höhlen und Gräbern der ägyptischen Wüste zu leben, um sich Gott besser widmen zu können, gehört der Gartenbau zu den monastischen Traditionen. Schon im 4. Jahrhundert erwähnt die erste Mönchsregel überhaupt – die des Wüstenvaters Pachomius– die Klostergärten, und die Benediktinerregel als die in den mittelalterlichen Klöstern am weitesten verbreitete Regel besagt ausdrücklich, daß ein Kloster über Gärten verfügen muß.

Die Unterteilung der mittelalterlichen Gesellschaft in drei Stände: diejenigen, die das Land bearbeiten, diejenigen, die kämpfen, und diejenigen, die beten, gehört zu den spärlichen Erinnerungen, die wir aus dem Schulunterricht behalten. Für unser Thema ist dies ein Glück, denn dieser Allgemeinplatz hat den Vorzug, hervorzuheben, daß das Gebet die Hauptaufgabe der Mönche war.

Symbolischer Ausdruck und Sinnbild dieses unermüdlichen stillen Betens ist der Kreuzgang. Als umschlossener Garten inmitten einer umschlossenen Welt ist er der Hauptort des ruhigen und maßvollen Klosterlebens. Reich an vielfältigen, geheimnisvollen Bedeutungen nimmt er natürlich Bezug auf den idyllischen Garten Eden, in den Gott Adam gesetzt hat. Doch als mystische Stätte, stiller, einsamer Zufluchtsort erweist er sich als Ort der Vereinigung des Menschen mit seinem Gott.

Das französische Wort »cloître« für »Kloster« und »Kreuzgang« ist mehrdeutig. Es bezeichnet den Klostergarten ebenso wie den Rückzugsort der Mönche. Daher macht man, wenn man von Klostergärten spricht, kaum einen Unterschied zwischen Nutzgärten wie Obstgärten und Gemüsegärten und dem Kreuzgang. Denn sie alle entsprechen auf ihre Weise den Geboten der Regel: In den fruchtbaren, wild wuchernden Nutzgärten mühen sich die Mönche täglich ab, um sich zu ernähren (*labora*), während der Kreuzgang in seiner nüchtern-eleganten Schmucklosigkeit der Ort des Gebets par excellence ist (*ora*).

Ora – Die Gärten des Gebets

Der Garten Gottes: unerreichbare Vollkommenheit

Der Mythos vom ersten Garten der Welt ist in den alten Kulturen des östlichen Mittelmeerraums entstanden. In den Wüsteneien, in denen die Wiege der persischen Kultur stand, nahmen die Gärten einen bedeutenden Platz ein. Das Bild vom Glück war dort das einer Oase, in der das Leben spendende Wasser mit einem erfrischenden Rauschen über fruchtbares, blühendes Land floß. Palmen, Feigen- und Granatapfelbäume spendeten köstliche, süße Früchte und vor allem einen Schatten, der neben dem Glutofen der Wüste besonders kühl wirkte. Die Vögel flüchteten sich dorthin, ihr Gezwitscher vermischte sich mit dem Summen der Insekten und ließ das Heulen der Sandstürme, die durch die Dünen und Felswände fegten, vergessen.

Von exotischen Tieren und außergewöhnlichen Bäumen bevölkert, die auf fernen Expeditionen gesammelt worden waren, mit Marmorstatuen und Brunnen verziert, in denen das Wasser reich dahinströmte, bezeugten die von den Königen geschaffenen Gärten die geradezu göttliche Macht der Monarchen, die imstande waren, die feindselige Wüste zu besiegen. Es fiel daher leicht, zu glauben, daß irgendwo ein wunderbarer Garten existierte, in dem der Baum des Lebens wuchs, dessen Früchte die Unsterblichen nährten.

Solche Bilder finden sich selbstverständlich auch in der Bibel. So heißt es im Buch Genesis:

Und Gott der Herr pflanzte einen Garten in Eden gegen Osten hin und setzte den Menschen hinein, den er gemacht hatte. Und Gott der Herr ließ aufwachsen aus der Erde allerlei Bäume, verlockend anzusehen und gut zu essen, und den Baum des Lebens mitten im Garten und den Baum der Erkenntnis des Guten und Bösen. Und es ging aus von Eden ein Strom, den Garten zu bewässern, und teilte sich von da in vier Hauptarme. Der erste heißt Pischon, der fließt um das ganze Land Hawila, und dort findet man Gold; und das Gold des Landes ist kostbar. Auch findet man da Bedolachharz und den Edelstein Schoham. Der zweite Strom heißt Gihon, der fließt um das ganze Land Kusch. Der dritte Strom heißt Tigris, der fließt östlich von Assyrien. Der vierte Strom ist der Euphrat. Und Gott der Herr nahm den Menschen und setzte ihn in den Garten Eden, daß er ihn bebaute und bewahrte. Und Gott der Herr gebot dem Menschen und sprach: Du darfst essen von allen Bäumen im Garten, aber von dem Baum der Erkenntnis des Guten und des Bösen sollst du nicht essen.

Genesis 2,8–17

In der Nachfolge des heiligen Augustinus waren die meisten Menschen des Mittelalters von der Realität dieses ursprünglichen Paradieses überzeugt:

Weshalb manche jenes ganze Paradies, wo, wie die Heiligen Schriften in Wahrheit berichten, die ersten Menschen und Stammeltern des Menschengeschlechts gewesen seien, zu den Verstandeswahrheiten rechnen, und jene Bäume und fruchtbringenden Gehölze in Tugenden und Lebensweisen verwandeln; als ob jene nicht sichtbar und körperlich gewesen seien, sondern um höhere Wahrheiten zu beschreiben so beschrieben worden seien. Als ob das Paradies deshalb nicht körperlich sein könnte, weil man es auch geistlich verstehen kann.

AUGUSTINUS, *Der Gottesstaat*

Adam und Eva im Paradies (links) und nach dem Sündenfall (rechts)

Die Menschen des Mittelalters stellten sich vor, daß diese segensreiche Welt im fernen Orient immer noch fortbestand, weiter entfernt als Jerusalem, der Tigris und der Euphrat, irgendwo auf einem hohen Berg, und daß ihre Pforten, die verschlossen waren, seit Gott Adam und Eva daraus vertrieben hatte, von Cherubim mit flammenden Schwertern bewacht würden.

Sicher wäre der Erfolg dieses Mythos nicht so groß gewesen, wäre er nicht mit Motiven der antiken Legende vom Goldenen Zeitalter angereichert worden, den Inseln der Seligen und anderen, noch älteren Motiven, die übereinstimmend von vergangenen, fernen Zeiten erzählten, in denen die Menschheit in einer vollkommenen Welt lebte, in der Überfluß und Frieden herrschten. In dieser aufgehenden, idyllischen Welt waren die Menschen, den Göttern ähnlich, unsterblich und ewig jung: eine süße, tröstliche Vorstellung, die angesichts der Allgegenwart des Leids, des Schmerzes, der Armut und des Todes im Mittelalter vielleicht noch verlockender und unentbehrlicher erschien.

Dieser nun für die Lebenden unerreichbare liebliche Ort lebte also in dem unauslöschlichen Heimweh der Mönche fort, als sie im Herzen ihrer kleinen Welt einen Garten errichteten, zur Erinnerung an das verlorene Paradies, aber auch als Vorahnung des wiedergefundenen Paradieses. Und zu diesem Paradies wollten die Mönche die ganze Menschheit durch ihre Bußübungen und unablässigen Gebete führen.

Von dieser Buße und der Mission der Mönche, Vergebung für die Menschheit zu erlangen, zeugt auch der Klostergarten. Inmitten der dem Gebet und der Buße gewidmeten Orte kann er nicht wie die Gärten der Herrscher und Monarchen eine Stätte sinnlichen Vergnügens sein. Der Kreuzgang kann kein Garten dieser Welt sein, er ist vielmehr Symbol des einzigen Gartens, der wirklich zählt: des Gartens, der nach dem Tod die reinen Seelen erwartet.

Daß aber das Paradies, das von Gott in Eden gepflanzt wurde, zum Muster und Bild wurde der Kirche, ist völlig klar zu erkennen für die, die gerne lernen. Denn aus den irdischen Dingen muß man die himmlichen ersehen und aus den modellhaften die geistigen erkennen und aus den zeitlichen auf die ewigen schließen.

Hippolyt von Rom, *Kommentar zum Buch Daniel*

Der Kirchenlehrer Hippolyt von Rom (2.–3. Jhd) bespricht die Episode von Susanna, die beim Baden im Garten von zwei Alten belauscht wird, in einem der ersten christlichen Kommentare zur Bibel

In das wiedergefundene Paradies wollten die Mönche die ganze Menschheit durch ihre Bußübungen und Gebete führen

Wer sich an einem solchen Ort der Stille und der Meditation wie dem Klostergarten aufhält, darf sich weder von der verlockenden Schönheit der irdischen Blumen ablenken lassen, noch von ihrem Duft oder vom Gesang der Vögel. Solche Freuden, die den Geist vom Wesentlichen ablenken könnten, haben hier keinen Platz. Darum ist der mittelalterliche Kreuzgang ein nackter Garten. Hier sind die Verzierungen nicht nötig, die die irdischen Gärten verschönern, um an das Paradies zu erinnern. Nichts, nicht einmal die Schönheit eines Gartens, darf die Geistlichen im Gebet ablenken. So muß man diese Nüchternheit, diese unwandelbare (und damit zeitlose) Nackheit des Rasenteppichs, der den Klosterhof bedeckt, auch als Hommage an die Schönheit des Paradieses verstehen, eines so vollkommenen Ortes, daß der Versuch, ihn auf Erden nachzubilden, vergeblich wäre. In der absoluten Schmucklosigkeit der Zisterzienserkreuzgänge lebt auch das Bilderverbot der Urkirche wieder auf. Durch seine Nüchternheit wird der Garten zu einem gleichsam vergeistigten Garten, zu einer symbolischen Anspielung auf denjenigen, dessen Namen unaussprechlich ist und dessen absolute Vollkommenheit darzustellen man nicht wagen kann, ohne ein Sakrileg zu begehen.

Für die Christen des Mittelalters ist die Kontemplation der Schöpfung dreifach: erstens diejenige mit den Augen des Fleisches, die sich an der sichtbaren Welt erfreut, zweitens diejenige der Intelligenz, die die Ordnung und Harmonie der Welt erkennen kann, drittens diejenige der Seele, die die Analogien und Übereinstimmungen zwischen dieser und der göttlichen Welt aufzudecken vermag. Blumen, Laubwerk und Tiere sind auf den Kapitellen der Galerien dargestellt. Wie auf den Tympana der Kirchen und den Randleisten der Bücher sieht man dort ein phantastisches Bestiarium lebendig werden und eine vertraute Pflanzenwelt erblühen.

So muß man diese Nüchternheit, diese unwandelbare Nacktheit des Rasenteppichs, der den Klosterhof bedeckt, auch als Hommage an die Schönheit des Paradieses verstehen, eines so vollkommenen Ortes, daß der Versuch, ihn auf Erden nachzubilden, vergeblich wäre

Die mittelalterlichen Bildhauer dachten, daß Wiesen- und Waldpflanzen edel genug waren, um das Haus Gottes zu zieren

Nichts ist unseren großen Bildhauern zu gering, und auf dem Grunde ihrer Kunst findet man, wie übrigens auf dem Grunde jeder echten Kunst, die Liebe und die Sympathie. Sie dachten, daß die Wiesen- und Waldpflanzen der Champagne oder Ile de France edel genug waren, um das Haus Gottes zu zieren. Die Sainte Chapelle ist voll von Ranunkeln. Das Farnkraut des Berry erscheint an den Kapitellen der Kathedrale von Bourges. Wegerich, Kresse und Schöllkraut ziehen sich in Girlanden durch die Kathedrale Notre-Dame in Paris.

ÉMILE MÂLE, *Die Gotik*

Die Mönche sind darin geübt, diese Zeichen zu entziffern, und lassen sich von ihnen in die Welt der Bibel und der Schrift hinüberführen, dennoch ist die Anwesenheit dieser steinernen Flora und Fauna im Klostergarten nicht selbstverständlich. In seinem Bedürfnis nach Nüchternheit erhebt sich der heilige Bernhard von Clairvaux gegen diese Ziereeien. Zwar gestattet er den Pfarrkirchen, in denen das ungebildete Volk betet, die Verzierung zur Erbauung der Gläubigen. Doch in den Kreuzgängen, in denen die gebildeten Mönche wandeln, hält er jeglichen Schmuck für unnütz.

Aber wozu dienen die lächerlichen Monstrositäten in den Klöstern, wo Mönche lesen, seltsame Wesen, zugleich hübsch anzusehen und häßlich? Da gibt es komische Affen und wilde Löwen, ängstliche Zentauren, Harpien und gestreifte Tiger, Soldaten auf Kriegszug und Jäger, die ins Horn stoßen. Hier sieht man einen Kopf mit mehreren Körpern, dort einen Körper mit vielen Köpfen. Dort drüben ist ein Tier mit einem Schlangenschwanz, ein Fisch mit einem Tierkopf und eine Kreatur, die vorne Pferd und hinten Ziege ist, eine andere hat Hörner und den Schwanz eines Pferdes. Man ist von einer so erstaunlichen Vielfalt umgeben, daß man lieber von den Wänden als in einem Buch lesen möchte. Den ganzen Tag lang könnte man fasziniert auf diese Dinge starren, eins nach dem anderen, anstatt über Gottes Gesetz zu meditieren. Oh Herr, wenn nicht schon allein die Albernheit peinlich wäre, müßte man doch über die Kosten schimpfen.

Bernhard von Clairvaux, *Apologie an den Abt Wilhelm*

In den Zisterzienserklöstern herrscht also eine strenge Nüchternheit, die dem Armutsgelübde und dem spirituellen Anspruch des Ordens entspricht und in der Tradition der Wüstenväter steht, die sich Aufenthaltsorte ohne jeglichen Komfort gewählt hatten.

Aber wozu dienen die lächerlichen Monstruositäten in den Klöstern, seltsame Wesen, zugleich hübsch und häßlich?

Trotzdem findet man in der Baukunst von Senanque, Thoronet und anderen Zisterzienserklöstern Pflanzenformen, Blätter, Zierranken, Tannenzapfen, zwar stilisiert, aber doch nahe am Akanthus, der Palme und dem Efeu. Denn die Rede des heiligen Bernhard richtet sich vor allem gegen weltlichen Schmuck. Als Symbole der Tugenden sollen diese Pfanzen den Mönchen vor Augen führen, daß sie die vollkommene Welt wiederfinden sollten, die Gott den Menschen am Anbeginn der Welt geschenkt hatte. In seinen Predigten benutzt Berhard selbst solche Metaphern und Allegorien, die die Künstler seiner Zeit nur in Bilder umgesetzt haben.

Die kleinen wilden Stiefmütterchen symbolisieren die Dreieinigkeit

Die Blätter des Farns verjagen die Dämonen, die rote Rose erinnert an das Blut der Märtyrer, während die weiße Rose, das Maiglöckchen und der Aaronstab für Reinheit und Jungfräulichkeit stehen und damit für Maria. Das Kleeblatt symbolisiert die Dreieinigkeit, ebenso wie die kleinen wilden Stiefmütterchen, deren Blüte wie ein Dreieck geformt ist, während die Mitte an ein Auge erinnert.

Bei den Zisterziensern bleiben solche Ornamente jedoch nüchtern und selten. Die Abwesenheit von Weinranken, Früchten, Blumen oder üppigem, überbordendem Wuchs zeigt die Abneigung der Zisterzienser gegen alles, was an Luxus und sinnliches Vergnügen erinnert. Hier kommt die Schönheit nicht aus den Ornamenten, sondern allein aus der majestätischen Nüchternheit der Formen und den im goldenen Schnitt ausgewogenen Proportionen.

So wie der zisterziensische Kreuzgang in seiner Schlichtheit ein Aufriß des göttlichen Gartens sein soll, eine spirituelle Umfriedung, sind daher auch die zahlreichen Schriften, die unter dem Namen Garten, *hortus* oder Gärtlein, *hortulus* erscheinen, geistliche Abhandlungen, oder Sammlungen von Gebeten oder Sentenzen. So ist auch der »Garten der Wonnen«, der *Hortus deliciarum* alles andere als eine Abhandlung über die Gartenkultur oder Beschreibung des Paradieses, sondern ein frommes Nachschlagewerk, das die elsässische Äbtissin Herrad von Landsberg (1125–1195) zur Unterweisung ihrer Novizinnen bestimmt hatte.

Tatsächlich erscheint der Kreuzgang in seiner strengen Schönheit wie ein minimalistischer Garten, geschaffen zum Gebet und zur inneren Einkehr. Seine Schönheit befindet sich im Herzen des Betrachters.

Das Herz des Menschen und der Garten Gottes

Der Mensch, Mittelpunkt des Alls

Auf den ersten Blick überrascht es, wenn man sieht, daß auf dem St. Galler Klosterplan im Mittelpunkt der idealen Klosteranlage nicht die Kirche steht, sondern der Kreuzgang.
Auf der symbolischen Ebene erschiene es logischer, die Kirche, das Haus Gottes, in die Mitte der klösterlichen Anlage zu setzen, anstatt sie nur zu einem Flügel des Kreuzgangs zu machen.

St. Galler Klosterplan

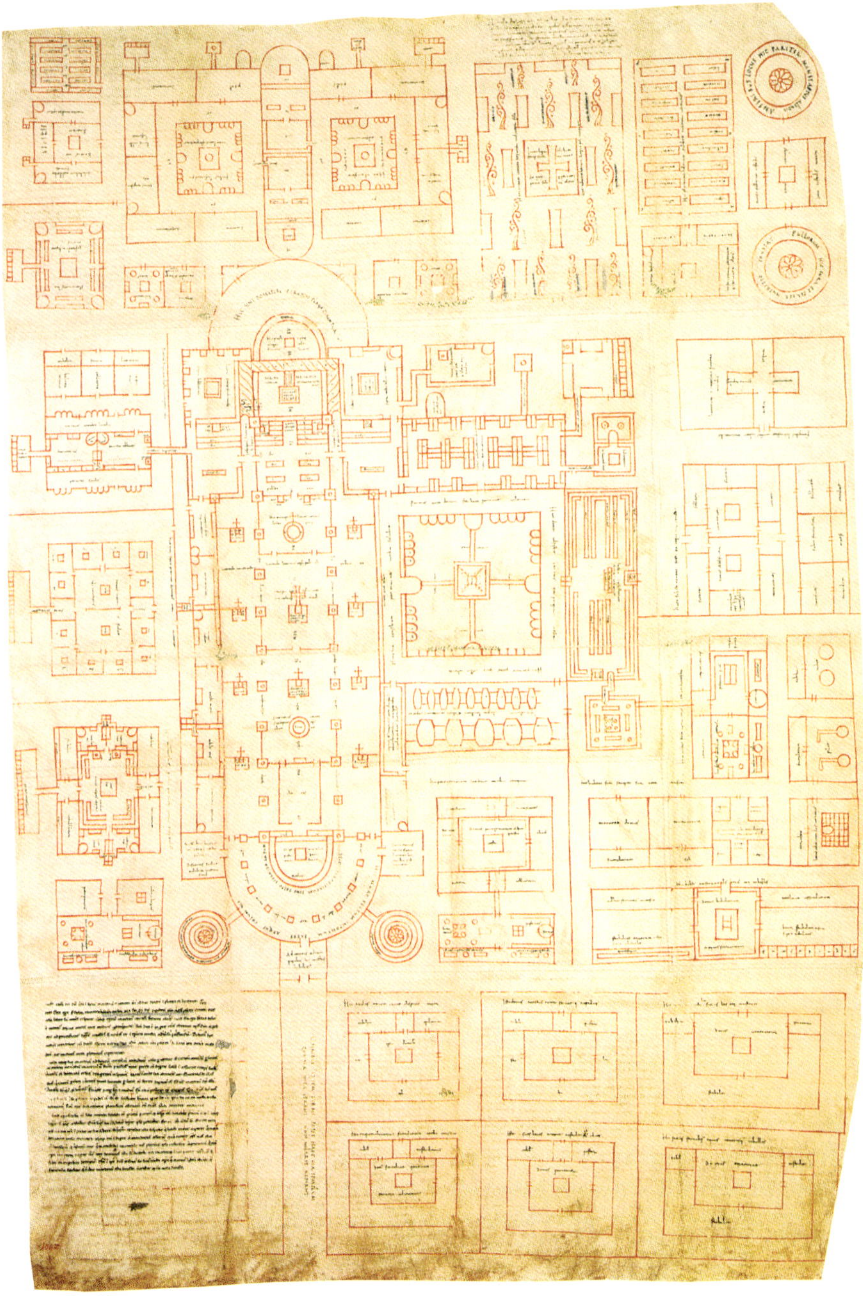

Genauer betrachtet folgt der Plan jedoch der Tradition und der Schrift: Während sich in der Mitte des irdischen Jerusalems der Tempel Salomons erhebt, beschreibt die Offenbarung im Zentrum des himmlischen Jerusalems keinen Tempel, sondern einen Platz: »Einen Tempel sah ich nicht in der Stadt, denn Gott der Allmächtige ist ihr Tempel«. Da sich das Kloster als Vorbote des himmlischen Jerusalems versteht, sollten die Gebäude um den Kreuzgang liegen. Diesen begrenzen sie auf jeder Seite mit einem Säulengang. Im Quadrat umgrenzen sie eine Rasenfläche, wie bei einem Peristyl, dem säulenumstandenen Hausgarten der alten Griechen.

Peristyl heißt bei den Griechen und Römern der von Säulen umstandene Hausgarten, Atrium der Innenhof mit Wasserbecken

Die elegante Säulenreihe, die den Kreuzgang umgrenzte, erinnert an schattige Alleen

Bei den Kartäusern nimmt der Kreuzgang manchmal riesige Dimensionen an: Um ihn herum gruppieren sich kleine Einzelhäuser mit ihren ummauerten Gärtchen, in denen die Mönche wie Einsiedler leben.

Schon oft hat man die Ähnlichkeit dieser Räume mit dem Atrium römischer Villen betont. Solche Landhäuser im südlichen Stil, mit Hof und Säulenhalle, bestanden im ehemaligen römischen Reich noch, als die ersten Klöster gebaut wurden. Die ersten, ursprünglichen Mönchsgemeinschaften hätten sich daher in solchen Gebäuden ansiedeln können, die ihnen vielleicht von zum Christentum bekehrten Reichen geschenkt worden waren, wie es manchmal in den Heiligenviten beschrieben wird. Ein Adliger mit Namen Florus hatte dem heiligen Maurus ein Landhaus bei Glanfeuil im Anjou geschenkt, und das Kloster Moissac in Südfrankreich wurde auf der Grundlage eines römischen Gutshauses gegründet. Da diese Häuser für das Zusammenleben mehrerer Familien konzipiert waren, kamen sie den Bedürfnissen der Mönchsgemeinschaften entgegen.

Über die Ähnlichkeit mit den römischen Landhäusern hat man jedoch eine andere aus dem Blick verloren, die für die antiken Häuser wie für die Mitte des himmlischen Jerusalem gilt: Das Forum, der antike Marktplatz ist ebenfalls ein Raum, der von Säulenhallen umgeben ist, um die sich die Häuser der antiken Stadt gruppieren.

Auch wenn der Kreuzgang deutlich ein antikes Muster aufnimmt, wäre es zu einfach, ihn auf diese Tradition oder das Resultat praktischer Notwendigkeit zu reduzieren. Er ist mehr als eine zufällig übernommene Erbschaft, eine praktische

Möglichkeit, wie man von einem Gebäude ins andere gelangt. Auf symbolischer Ebene sahen die Mönche in den Gängen aus Stein wie schon die Römer den Bezug auf schattige Wege unter Platanen- oder Zypressenalleen. Grüne Kulissen, in denen seit Sokrates und Platon die Griechen sich versammelten, um beim Spazieren zwischen den Bäumen Philosophie zu betreiben. Die Reihe der Säulen mit ihren blättergeschmückten Kapitellen hatte einfach die Baumstämme ersetzt.

Die elegante Säulenreihe, die den Kreuzgang umgrenzte, in dem die Mönche bei der Lektüre oder der Meditiation umherwandelten, erinnerte nicht nur an antike Vorbilder, sondern im weiteren Sinm auch an jenen ersten Baumgarten, wo der Baum der Erkenntnis stand. Doch nach Bernhard von Clairvaux sollte der Mensch selbst der Wandelgang sein, »weit genug, damit Gott dort das Werk seiner Majestät vollenden kann«.

Um den Garten im Kreuzgang, Wegkreuzung und Treffpunkt zugleich, verteilen sich die Gebäude fast immer auf die gleiche Weise. Auf der einen Seite der Speisesaal, rechtwinklig dazu die Küche, die Vorratsräume und der Gemeinschaftsraum, der als Skriptorium und Werkstatt dient. Die Mönche widmen sich hier dem Kopieren von Handschriften oder anderen für das Klosterleben nützlichen Arbeiten. Nicht weit davon der Wärmeraum, wo die Mönche an harten Wintertagen, wenn die Kälte Finger und Tinte gefrieren läßt, die Wärme des Kaminfeuers suchen. Ein

Nicht durch Zufall nimmt die abendländische Notenschrift ihren Ursprung in der Kirche

weiterer Flügel nimmt den Kapitelsaal auf. Auf Steinstufen sitzend beraten die Brüder hier, wie es die Regel verlangt, »immer wenn eine wichtige Angelegenheit im Kloster zu verhandeln ist«. Hier werden ihnen auch jeden Tag zwischen Abendessen und Complet, dem letzten Gebet des Tages, Erzählungen über das Leben der Wüstenväter vorgelesen.

Über diesem Saal liegt der Schlafsaal. Rechtwinklig zu diesem liegt die Kirche, mit deren Chor er über eine Treppe verbunden ist, über die die Mönche jede Nacht zum Matutin-Gebet hinuntersteigen.

Weil »der Prophet gesagt hat: Siebenmal am Tag habe ich dein Lob gesungen«, teilt die benediktinische Regel den Tag durch sieben Gebetszeiten ein: »Auch wir erfüllen diese heilige Zahl sieben, wenn wir unseren Dienst bei Tagesanbruch, zur ersten, dritten, sechsten und neunten Stunde, am Abend und zum Ende des Tages versehen.« Sie setzt genau fest, welche Psalmen wann gesungen werden sollen.

»Die Erde ist der Mittelpunkt der anderen Elemente«

Nicht durch Zufall nimmt die abendländische Notenschrift ihren Ursprung in der Kirche: Die Psalmodie soll sich in Vollkommenheit bis zu Gott erheben, für den sie nicht schön genug sein kann.

Während die Kirche von Litaneien und gemeinsamen Feiern widerhallt, so ist der Kreuzgang mit seinem Garten der Ort des Rückzugs für den einzelnen, des persönlichen Gesprächs mit Jesus, letztes und wichtigstes Streben im Leben der Mönche. Aus diesem Grund liegt dort der Garten des Kreuzgangs, stilles Carree unter der monumentalen Silhouette der Abtei, in sich selbst verschlossen für Meditation und stilles Gebet, einfach, eben, unter freiem Himmel, als Rasenstück. Im Angesicht der Kirche aus Stein, die die Ewigkeit symbolisiert, erinnert das Gras neben dem Stein daran, daß alles auf Erden vergänglich ist.

Das einfache Rasenstück inmitten der Steinbauten ist der Punkt, wo die irdische Welt die himmlischen Ordnung trifft.

Es ist die Erde im Mittelpunkt der anderen Elemente, aller anderen Elemente, die sie regieren: Alle unterhalten sie auf gleiche Weise, alles um sie herum. Sie ist mit ihnen verbunden, sie empfängt von ihnen ständig für ihre Substanz Grünkraft und Energie.

HILDEGARD VON BINGEN, *Liber operum divinorum*

Denn der Kreuzgang liegt in der Mitte der Klostergebäude wie die Erde in der Mitte des Weltalls. Er bildet die Achse, den Angelpunkt, auf dem der Himmel ruht und um den die Welt sich dreht: Enterhaken, von Gott geworfen, um die irdische Welt an das große Himmelsschiff zu vertäuen.

Der Kreuzgang und der Mikrokosmos

Wenn der Mensch Gott aufnimmt, wird er die wahre Heimstatt jenes Gottes, der überall präsent ist, aber vor allem im Herzen des betenden Menschen. Nach Augustinus ist für die Möche das wahre Haus Gottes die Liebe, und Gott erwählt die Menschen, um aus ihnen sein Heiligtum zu machen. Deshalb ist auch in der Mitte des Klosters, wie im Zentrum des irdischen Jerusalem, ein Heiligtum – nicht aus Stein, sondern aus Gebeten. In der Mitte dieses Heiligtums ist das Allerheiligste, dort wo das Siegel des Neuen Bundes liegt: die Seele, die sich Gott öffnet. Das Kloster ist damit Zeichen eines echten Bandes, das die Erde mit dem Himmel verbindet, in Gestalt des Menschen, der durch unablässiges Beten die Leidenschaften seiner Seele bezähmen konnte, um daraus die Einheit wiederherzustellen, des Menschen, der, wie Hildegard von Bingen sagt, eine Wegkreuzung wird.

Mensch als Mikrokosmos

Dieser Gedanke findet sich bei Augustiuns. Um zu zeigen, daß die Körper beim Jüngsten Gericht auferstehen können, hat Augustinus eine Parallele aufgestellt zwischen dem Körper des Weltalls, das auf ewig Leben schöpft aus seiner göttlichen Seele, und dem Menschen, den Gott nach seinem Bild geschaffen hat und den er im wahrsten Sinne des Wortes beseelt hat, indem er ihm den Lebensatem einhauchte. Im 12. Jahrhundert fanden diese Lehren weite Verbreitung, die den Menschen in Verbindung mit den vier Elementen brachten, deren Harmonie den »Palast der Welt« schaffen. Aus dem Staub geschaffen, hat der Mensch aus der Sicht des Mittelalters eine innere Verwandtschaft mit der mineralischen Welt, die aus ihrem »gemeinsamen Sein« kommt. Mit den Pflanzen verbindet ihn seine Natur als Lebewesen. Wie die Tiere ist er mit Wahrnehmung begabt; mit den Engeln hat er den Geist gemein.

Der Körper des Weltalls schöpft Leben aus seiner göttlichen Seele

In der romanischen Vorstellung vom Beginn der Welt steht der Mensch in ihrem Mittelpunkt, am Schnittpunkt von Himmel und Erde, Geist und Materie. In Harmonie und Übereinstimmung mit dieser vielfältigen Welt, die aus dem göttlichen Geist lebt, ist er eins. Nach dem Bild Gottes geschaffen, ist er selbst ein Mikrokosmos, der die Gesamtheit der Schöpfung darstellt: den Makrokosmos.
Der Garten des Kreuzgangs, der ebenfalls ein Bild sowohl des Mikrokosmos wie auch des Makrokosmos ist, liegt im Zentrum des Klosters wie der Mensch im Zentrum der Welt. Umso mehr als aus theologischer Sicht die Kirche, die den Kreuzgang beherrscht, doch an seiner Seite liegt, dafür stehen könnte, daß Gott, der die Welt beherrscht und geschaffen hat, doch außerhalb von ihr steht. Dieser Gedanke war wichtig, weil er das Christentum davon abhielt, im Pantheismus aufzugehen, auch wenn es bestimmte Gedanken der griechischen Philosophie aufnahm, die das Ordnungsprinzip der Welt in dieser selbst sah.
Von der Bedeutung des Kreuzgangs als Achse der Klosterwelt und Sinnbild des Menschen im Mittelpunkt des Weltalls zeugt auch seine quadratische Form. Seit

dem 9. Jahrhundert beschreibt der Kreuzgang ein vollkommenes Quadrat, wo immer es die Bodenbedingungen zulassen. Zur Symbolik des Quadrats gehört die der Zahl Vier und die des Würfels. Aus diesen Elementen läßt sich die Bedeutung des Kreuzgangs ablesen, um den herum sich die Gebäude wie das Leben der Mönche anordnen.
Seit Augustinus haben die Christen in den Zahlen die göttliche Gegenwart und Ordnung gesucht, denn es steht geschrieben, daß Gott die Welt schuf »nach Maß, Zahl und Gewicht« (Weish. 11,21). Diese Suche war der Bibel angemessen, deren

Die Symbole der vier Evangelisten bilden ein Kreuz um das Lamm Gottes

Zahlen oft eine Bedeutung haben: sieben Plagen, sieben Trompeten der Offenbarung, zehn Gebote, zwölf Stämme Israels und zwölf Aposteln. Sie fügt sich aber auch in die antike Welt, in der die Zahlen einen symbolischen Wert hatten.
Den mittelalterlichen Autoren gefiel offensichtlich dieses berauschende Spiel des Geistes, schwindelerregende Entsprechungen zu finden die den Zusammenhang des Universums widerspiegelten. Diese Zahlenmystik hat auch große Anziehungskraft auf die Baumeister des Zisterzienserordens. Keine Zahl entgeht ihren Spekulationen, und vielen geben sie einen geistlichen Sinn. In der Bauweise und dem Plan der Zisterzienserkloster überall in Europa muß man daher die Sprache der Zahlen suchen, um ihren Sinn buchstäblich entziffern zu können.

Die Zahl eins ist die der göttlichen Einheit; zugleich allumfassend und vollkommen, findet man sie in allen Zahlen, und wenn man sie mit sich selbst malnimmt, verändert sie sich nicht. Die Drei (dreimal: lat. *ter*) erinnert an die göttliche Dreieinigkeit und damit an die himmlische Welt. Die Vier (viermal: lat. *quater*) bedeutet Gott *(ter)* in der Welt des Diesseits (irgendwo: lat. *qua*), in der geschaffenen Welt. Sie ist daher die Zahl der harmonischen Ordnung der Welt.

Diese ordnende Funktion der Zahl Vier ist in den Augen der mittelalterlichen Christen überall sichtbar: in den vier Himmelsrichtungen, den vier Windrichtungen, den vier Mondphasen, aber auch und besonders in den vier Elementen Feuer, Wasser, Erde, Luft, aus denen sich alle Materie des Weltalls zusammensetzt. Man findet die Zahl vier auch häufig in der Bibel, besonders in der Offenbarung, z. B. bei den vier apokalyptischen Reitern oder in dieser Vision:

Nach diesem sah ich vier Engel auf den vier Ecken der Erde stehen; die hielten die vier Winde der Erde fest, damit kein Wind wehe auf der Erde, noch auf dem Meer, noch über irgendeinen Baum.

OFFENBARUNG 7,1

Und wird das Leben Christi nicht in vier Evangelien überliefert, hat das Kreuz nicht vier Enden? Mit den vier Evangelisten verbinden die Ausleger vier Propheten des Alten Testaments. Aus all diesen Gründen ist die Vier die Zahl des Kreuzgangs.

Die Baukunst der Klöster, besonders die der Zisterzienser, zeigt uns immer wieder diese Bezüge zur Zahlenmystik. In der provenzalischen Zisterzienserabtei Sénanque zum Beispiel hat jede der vier Bogengänge des Kreuzgangs vier Öffnungen, die wiederum in drei Bögen unterteilt sind. Symbolische Multiplikation der Zahl des Menschen mit der Zahl der Dreieinigkeit.

In der provenzalischen Zisterzienserabtei Sénanque hat jede der vier Bogengänge des Kreuzgangs vier Öffnungen, die wiederum in drei Bögen unterteilt sind

Dieses Quadrat unter offenem Himmel enthält die vier Dimensionen von Raum und Zeit und das dazugehörige Koordinatensystem. Die vier Jahreszeiten sieht man von hier vergehen, und die vier Lebensalter. In der Zisterzienserabtei Thoronet, ebenfalls in der Provence, findet man diese Bezüge im Brunnen des Kreuzgangs wieder. In einem kleinen, achteckigen Bau sprudelt das Wasser aus sechzehn Mündungen. Denn das Quadrat der Zahl Vier ergibt symbolisch die Verschmelzung von Zeit und Raum: das Sein.

Für die Menschen des Mittelalters ist das Quadrat mit seinen vier Seiten, seinen vier gleichen Winkeln, seinen zwei Diagonalen und Mittelsenkrechten, die sich in der Mitte schneiden, die vollkommenste der geometrischen Figuren und daher die Figur Gottes selbst. So erinnert das Quadrat des Kreuzgangs, von zwei sich kreuzenden Wegen in vier weitere Quadrate unterteilt, an diese unerreichbare Vollkommenheit. Das Viereck ist vor allem auch Bild des Menschen selbst, des Mikrokosmos, der überall mit dem Makrokosmos verbunden ist.

Dieses Bild des Menschen im Quadrat taucht seit urdenklichen Zeiten in dem Köpfen der Menschen auf. Schon bei dem römischen Architekt Vitruv findet sich die Idee, daß das Bild des vollkommenen Menschen in einen Kreis oder ein Quadrat passen müßte. Hildegard von Bingen beschreibt im 12. Jahrhundert das Idealbild des Menschen in einem Quadrat:

Der Kreis der göttlichen Vollkommenheit umfaßt das Quadrat der vier Elemente

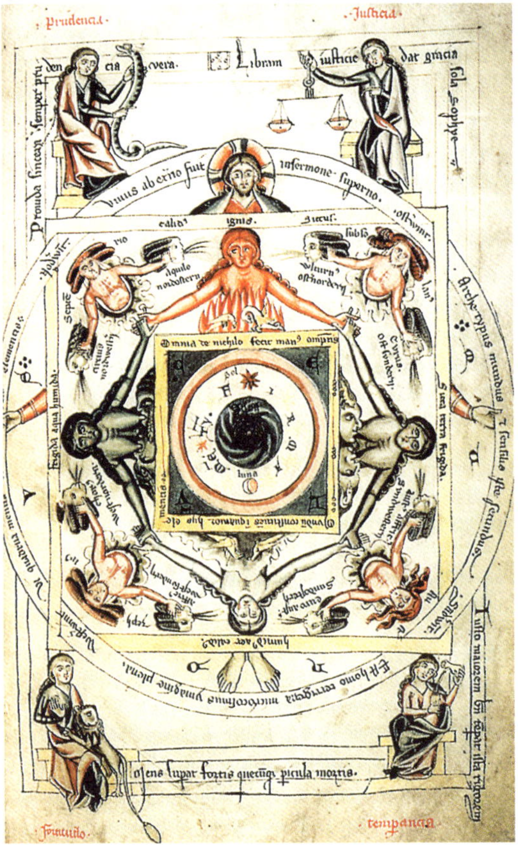

Die Größe und die Weite eines Menschen, der die Arme auf Brusthöhe ausbreitet, sind gleich. Dieses gleiche Maß der Höhe und Breite des Menschen entspricht der Wissenschaft, die Gut und Böse erkennt, jener Wissenschaft, die das Gute daran erkennt, daß es nützlich ist, und das Böse daran, daß es unnütz ist.

Dieser Gedanke hat die berühmte Zeichnung von Leonardo da Vinci inspiriert. Augustinus gesellt zum Bild des Quadrats das des Kreuzes, das heißt das Bild Christi, denn er ist der ideale Mensch. So nimmt das Kloster als Grundmaß einen Menschen mit zum Kreuz ausgebreiteten Armen. So ist es zum Beispiel im St. Galler Klosterplan: Die Liegen der Mönche stehen so weit auseinander, daß sie den Platz eines Menschen mit ausgebreiteten Armen einnehmen. So ist es auch im Kloster von Sénanque, wo alle Arkaden des Kreuzgangs das Maß eines Menschen haben. Die quadratische Form des Kreuzgangs bekräftigt, daß er gleichzeitig das bewahrt, was in der Schöpfung vollkommen geblieben ist, und den Menschen, den Gott in ihren Mittelpunkt gesetzt hat und der Gottes Heiligtum sein soll.

Die vollkommenste Stadt ist notwendig das Himmlische Jerusalem, wie es die Offenbarung beschreibt

Vom Kloster zum Himmlischen Jerusalem

Da der Mensch Gottes Heiligtum und seine Stadt ist, erscheint mit dem Bild des Menschen im Quadrat auch das der vollkommenen Stadt wieder. Wie der Kreuzgang liegt auch sie in einem vollkommenen Quadrat. Es ist das Bild selbst der harmonisch und geordnet angelegten Stadt.

Dieses Bild geht vielleicht bis auf die Anlage persischer Gärten zurück, in denen der Herrscher Darius in den viergeteilten Beeten die vier Weltteile wiederfand, die er beherrschte. Dies könnte auch der Grundgedanke der »Roma quadrata« gewesen sein, des Quadrats, das der Stadtgründer Romulus in den Boden gezeichnet haben soll. Der Plan eines Quadrats, das von zwei Verkehrsachsen gekreuzt wird, wird das Modell aller römischen Heerlager und später der neu gegründeten Städte.

Die vollkommenste Stadt ist notwendig das himmlische Jerusalem, wie es die Offenbarung beschreibt:

Und der mit mir redete, hatte ein Maß, ein goldenes Rohr, um die Stadt und ihre Tore und ihre Mauer zu messen.
Und die Stadt ist viereckig angelegt, und ihre Länge ist so groß wie die Breite. Und er maß die Stadt mit dem Rohr auf zwölftausend Stadien; ihre Länge und Breite und Höhe sind gleich.

Offenbarung 21, 15–16

Der Kreuzgang ist gleichzeitig Nachschöpfung des Paradieses und Vorgeschmack der vollkommenen Stadt; als ob die Welt als Garten begonnen hätte, um als Stadt zu enden.

Hortus conclusus:
der verschlossene Garten der Seele und Mariens

Erst recht spät, im 12. Jahrhundert, wird der Garten zum Attribut Mariens, vielleicht unter dem Einfluß der höfischen Literatur und ihrer Gartenbeschreibungen. Diese Tradition ergänzt die von Jesus als Gärtner der Seelen. Vor seiner Verhaftung ging Jesus einen Garten von Ölbäumen, auf den »Ölberg«, um zu beten. Nach dem Johannesevangelium war an dem Ort, wo Jesus gekreuzigt worden war, ein Garten, und in diesem Garten ein neues Grab, in dem noch niemand bestattet worden war. Hier bestatteten Nikodemus und Joseph von Arimathea Jesus. Am Ostermorgen, als Maria Magdalena zum Grab kam und dort den auferstandenen Christus traf, glaubte sie zuerst, es sei der Gärtner. Daher kommt das Bild von Jesus als Gärtner der Seelen.

Dieser Vergleich zwischen Jesus und den »göttlichen Gärtner« ist im Mittelalter so verbreitet, daß Christus seit dem 14. Jahrhundert mit einem Spaten dargestellt wird. Er trägt ihn über der Schulter oder stützt sich darauf. So auch auf der ältesten Darstellung dieser Art in Notre-Dame in Paris. Sie wurde 1351 von Jean Bouteiller geschaffen, man sieht auf ihr Christus, wie er mit Maria Magdalena spricht und in der rechten Hand einen langen Spaten hält.

Fra Angelico,
Noli me tangere
»Halt mich nicht fest«

In der mittelalterlichen Bildsprache ist der »Ölberg« oder Olivenhain von Getsemane, in den Jesus sich vor seiner Verhaftung zurückzog, das Gegenbild des Garten Eden geworden: Im Garten der Wonnen hatte der erste Mensch gesündigt und damit die Menschheit in Leiden und Tod geführt; im Garten seines Leidens hatte Jesus den Tod besiegt und die Pforten des Paradieses wieder geöffnet.

Diese Symmetrie entspricht der mittelalterlichen Denkweise, in jeder Episode des Alten Testaments eine Vorankündigung des Neuen zu sehen: Christus als der neue Adam. Wie Adam den Boden in Gottes Garten bestellte, so bestellt Christus den Garten der Seelen. Nach dem Bild des Kreuzgangs ist die Seele ein verschlossener, geheimer Ort, den nur Christus betreten kann, wo er die duftenden Blumen erntet, die er selbst mit eigener Hand gesät hat: die Tugenden. Geschützt hinter der Mauer des Glaubens wachsen daher im Seelengarten die Barmherzigkeit im Bild des Krokus, die Demut als Veilchen, die Geduld als Zimtbaum usw.

Dieser Gedanke ist auf vielfältige Weise abgewandelt worden. Der Garten Christi wird als die Kirche dargestellt, als die christliche Welt, die Schrift oder auch als die

Versammlung der Mönche, die Gott zu seinem Dienst bestellt hat. Man findet ihn in allen spirituellen Orten, an denen der Mesch sein Heil sucht:

Eden ist der neue Garten der Lüste, im Osten angelegt, geschmückt mit allen Arten von guten Bäumen, in dem man das Zusammentreffen der Gerechten mit dem heiligen Ort erkennen muß, auf dem die Kirche gebaut ist.

HIPPOLYT VON ROM

Von Christus dem Seelengärtner ist der Weg nicht weit zu Christus als Herrn des Gartens, von dem das Hohelied der Liebe singt:

Ein verschlossener Garten ist meine Schwester Braut,
ein verschlossener Garten, ein versiegelter Quell.
Ein Lustgarten sproßt aus dir,
Granatbäume mit köstlichen Früchten,
Hennadolden, Nardeblüten,
Narde, Krokus, Gewürzrohr und Zimt,
alle Weihrauchbäume,
Myrrhe und Aloe,
allerbester Balsam.
Die Quelle des Gartens bist du,
ein Brunnen lebendigen Wassers,
Wasser vom Libanon.
Nordwind, erwache! Südwind, herbei!
Durchweht meinen Garten, laßt strömen die Baldsamdüfte!

Das Hohelied der Liebe, ein großartiger Text von unendlicher Poesie, hat zusammen mit der Schöpfung und der Offenbarung die Bildwelt des Mittelalters am stärksten geprägt. Man wurde nicht müde, die sinnlichen und poetischen Verse zu kommentieren, die überfließen von Bezügen auf Blumen, Bäume und Früchte. Wie so viele große Meisterwerke ist es offen für vielfältige Interpretationen: In der Braut des Liedes sahen die jüdischen Ausleger Israel, das erwählte Volk. In der Interpretation der Christen ist der geheime Lustgarten wie der des Kreuzgangs oft mit dem Garten der Seele verglichen worden. Sehr oft setzt man auch die Kirche anstelle von Israel als die Braut und Geliebte Christi ein, schon bei den Kirchenvätern wie Origenes, Gregor von Nyssa oder Gregor dem Großen.

Seit dem 12. Jahrhundert, ungefähr seit der Zeit, als Spielleute und Troubadoure von den Vorzügen ihrer Dame singen, erhält die Marienverehrung einen neuen Impuls. Die Glocken der Kirche beginnen, den Angelus zu läuten, die Verkündigung an Maria. Aus der Meditation über das Geheimnis der von Gott erwählten Jungfrau entsteht der Gedanke der unbefleckten Empfängnis. Französische Kathedralen werden »Unserer Lieben Frau« genannt, Notre-Dame. Während in der Pracht der weltlichen Höfe die höfische Liebe, die Minne, entsteht, entwickelt sich in der Abgeschiedenheit der Klöster die mystische Liebe zur Jungfrau Maria.

In der mittelalterlichen Bildsprache ist der »Ölberg« oder Olivenhain von Getsemane, in den Jesus sich vor seiner Verhaftung zurückzog, das Gegenbild des Garten Eden geworden

Die Auslegungen des Hoheliedes nehmen in dieser Zeit zu, und damit wird auch der Garten Mariens wichtiger. Die Jungfrau wird »ein verschlossener Garten, ein versiegelter Quell«. Die Zisterzienser widmen ihr alle ihre Klöster. Der berühmteste von ihnen, Bernard von Clairvaux, hat zu ihr eine ganz besondere Beziehung und kommeniert das Hohelied fast Wort für Wort. Er widmet ihr sechsundachtzig Predigten, in denen die Braut bald die Seele, bald die Kirche, bald die Gottesmutter ist.

Die jungfräuliche Umfriedung des Hoheliedes war wie geschaffen für diese Parallele. Darüber hinaus war der Garten Mariens auch neutestamentliches Gegenbild des Gartens der Schöpfung, den Eva durch ihre Sünde befleckt hatte. Nur die Jungfrau Maria konnte ihr entsprechen, Braut Gottes und, wie Eva, Mutter der Menschheit.

Aus diesem Grund verweilten die mittelalterlichen Autoren so gern bei dem verschlossenen Garten der Jungfräulichkeit. Albertus Magnus widmet ihm ein ganzes Kapitel in seiner Schrift »Marienlob« *(De Laudibus Mariae)* und hebt die Annehmlichkeiten und feinen Freuden dieses Gartens hervor, der erfüllt ist mit Blumen, Düften, Bäumen und Vögeln. Mystiker wie Gertrude von Helfta stellen sich Maria umgeben von Lilien, Rosen und Veilchen vor. Diese Vision geht ein in die Volksdichtung und in die Kunst, die Maria in bezaubernden Blumengärten darstellt.

Maria im Rosenhag
von Stefan Lochner

Zur selben Zeit, in der immer mehr Miniaturen über den Garten der edlen Dame entstehen, wird auch der Garten Mariens so oft abgebildet wie nie zuvor.
Gegen Ende des Mittelalters nehmen diese Darstellungen der Jungfrau mit dem Kind im Garten eine Wendung ins Zärtliche, Vertraute.
In einer Miniatur eines Stundenbuchs aus dem 15. Jahrhundert sieht man Maria mit dem Jesuskind, das laufen lernt, in einem Garten, der von einer Rosenhecke umschlossen wird. »Doch die Künstler zeigen Maria mit dem Kind besonders gern in einem Obstgarten oder unter einem Torbogen, der sich zu den Feldern öffnet. Der Frühling beginnt: Im Gras blühen Margeritten, ein Engel bringt seinem Gott einen Blütenzweig oder einen Korb voller Kirsch- oder Apfelblüten. Manchmal ist die Jahreszeit schon weiter fortgeschritten: Engel pflücken Erdbeeren, und einer von ihnen bringt dem Jesuskind einen Korb voller Früchte.« (Emile Mâle).
Mit den Darstellungen Mariens im Garten könnte man Bücher füllen, so verbreitet ist dieses Bild am Ende des Mittelalters. Um sie herum wächst eine Pflanzenwelt mit Symbolwert, die die Schönheit und den religiösen Sinn des Bildes verstärken soll. Im mystischen Garten wächst die Lilie, die man so oft in der Bibel findet und die, wie alle weißen Blumen, Symbol der Reinheit ist. Es wächst auch Goldlack, der wie alle Kreuzblütler an die Passion erinnert. Die kleinen Erdbeeren, die aus dem Gras hervorleuchten, tragen rote Früchte, ein Bezug zum Blut der Märtyrer. Die

Die sechzehn Ausgüsse des schönen Brunnens von Thoronet deuten auf die göttliche Vollkommenheit

Pfingstrose hat den selben Symbolwert wie die Rose: Rot steht sie für das Blut und die Liebe Christi; weiß, für die Jungfräulichkeit. Die Nelke mit ihrem angenehmen Duft spricht von der Erlösung und der mystischen Vereinigung der Jungfrau mit Gott.
So bedeutet trotz seiner Kargheit der Garten des Kreuzgangs für die Mönche auch den Garten Mariens, den der mystischen Hochzeit, wie man auch von den Ordensschwestern sagt, daß sie Bräute Christi seien.

Die Quelle und der Baum des Gartens

Für die Christen ist die Jungfrau auch *fons hortorum*, »Quelle der Gärten«, der versiegelte Quell des Hoheliedes, der die mittelalterlichen Künstler so sehr inspiriert hat. So heißt es in einem mittelalterlichen Gebet von den fünfzehn Freuden Marias, sie sei »Quelle alles Guten«. Das fließende Wasser in den Rinnen des Kreuzgangs erinnert die Mönche daher an die Reinheit der Jungfrau. Denn wie an den Schwellen der ersten Kirchen trifft man in den Kreuzgängen immer einen Brunnen, gelegentlich sogar einen mit ineinander überfließenden Schalen, *lavabo*, Waschbecken, genannt. Manchmal, wie im Kartäuserkloster von Pavia, ist er an die Wand des Kreuzgangs angebaut und wundervoll geschmückt. In den Zisterzienserklöstern liegt die Wasserstelle in einem kleinen Pavillion, der auf die Rasenfläche des Kreuzgangs vorspringt. Man benutzte ihn, um sich zu reinigen, bevor man die Kirche betrat, um Hände und Gesicht zu waschen, bevor man zum Essen ins Refektorium ging, eine Geste, deren symbolischer Sinn sich direkt erschließt. Doch dies ist nicht die einzige Bedeutung dieser Wasserstelle. Wie schon erwähnt, deuten die sechzehn Ausgüsse des schönen Brunnens von Thoronet auf die göttliche Vollkommenheit. Die Christen des Mittelalters sahen im Wasser, das aus den Brunnen rann, eine Fülle von weiteren Bedeutungen.

Unter der brennenden Sonne, unter der der Mythos von Eden entstand, ist das Wasser vielleicht das kostbarste Gut. Wasser ist Leben. Zwischen Tigris und Euphrat lag die Wiege der frühesten Kulturen; in der Wüste, um Brunnen und Quellen herum, wuchsen wie Inseln der Kühle friedliche Palmengärten. Auf sumerisch bedeutet *edin* eine fruchtbare oder bewässerte Ebene. So mußte das Wasser wesentlicher Bestandteil der orientalischen Paradiese werden. Assyrer und Babylonier wußten den Lauf der Flüsse zu lenken, um die Erde fruchtbar zu machen. Aus den erorberten Ländern brachten ihre Könige Bäume mit, um ihr Paradies zu schmücken. Sie bepflanzten es mit Blumen und Rosen.

Wie diese prunkvollen Gärten wird auch der Urgarten bewässert. Darum teilt sich der Fluß im Garten Eden in vier Arme, im Kreuzgang aufgenommen durch die vier Wege, die von seiner Mitte ausgehen. Schriftgelehrte und Geographen haben ei-

Auf dieser alten Weltkarte liegt Norden unten und Jerusalem im Mittelpunkt der Welt

frig geforscht, welche vier Flüsse das sein könnten. Der jüdische Autor Flavius Josephus denkt im 1. Jahrhundert nach Christus, daß es sich um den Ganges, den Nil, den Tigris und den Euphrat handelt. Viele der späteren Autoren stimmen ihm zu. Sie zeichnen Karten, auf denen im Osten von Persien der Paradiesgarten liegt, oder sein Ebenbild mit heidnischem Beigeschmack, das Königreich des Priesters Johannes. Trotz dieses geographischen Realismus geben die meisten christlichen Schriftsteller den Flüssen eine symbolische Bedeutung. Die vier Flüsse des Paradieses, die in die vier Himmelsrichtungen fließen, stehen für die vier Kardinaltugenden: Ge-

In den Kreuzgängen Spaniens und Italiens ist der Brunnen besonders wichtig

rechtigkeit, Klugheit, Mäßigung und Stärke. Die Gottesgelehrten verbinden mit ihnen die vier Wohltaten der himmlischen Herrlichkeit: Klarheit, Gelassenheit, Weisheit und Freude. Aber darüber hinaus symbolisieren die Flüsse vor allem die vier Evangelien und den Menschen. Sie sind auch das Bild der Schrift, und, wieder einmal, der Kirche, aus der »die Ströme der himmlischen Lehre fließen«, wie es in einem Kommentar des Hoheliedes aus dem 9. Jahrhundert heißt.

Das Wasser begegnet auch im Regen und im Tau, der den Garten benetzt, und der oft mit Christus verglichen wird. Dieses Bild erinnert an die archaische Vorstellung vom Regen als einem männlichen Element, das in die Erde fällt, um sie zu befruchten.

Das Wasser der vier Flüsse wird im Kreuzgang aufgenommen von den vier kreuzförmigen Wegen. Auch der Brunnen erinnert an die Flüsse der Paradieses, aber er lenkt die Gedanken der Mönche auch auf die Quelle des Lebens.

Seit dem 14. Jahrhundert entwickelt sich in der christlichen Kunst das Bild der »Quelle des Lebens« oder der »Quelle der Barmherzigkeit«. Gefüllt mit dem Blut des mystischen Lamms der Offenbarung oder mit dem Blut Christi, dessen Kreuz in der Mitte der Schale steht, gibt sie den Christen, die sich in ihr waschen, das ewige Leben. Diese Darstellung gehört zur Anbetung des »kostbaren Blutes«, die sich in der Zeit der Kreuzzüge entwickelt. Aus dem Orient kommen zu dieser Zeit Ampullen mit einigen Tropfen Heiligen Blutes. In Brügge werfen sich die Gläubigen voller

Ehrfurcht nieder vor einem Kristallröhrchen, das einige Tropfen des Blutes Christi enthält.

In Fécamp in der Normandie erzählt man, daß das Heilige Blut, das hier angebetet wird, von einem Neffen Josephs von Arimathea im Stamm eines Feigenbaums versteckt worden sei, und daß die kostbare Phiole mit dem Blut in diesem Stamm gefunden worden sei, den das Meer an Land gespült habe – eine Legende, die an die Suche nach dem heiligen Gral erinnert. Darüber hinaus zeigt diese Legende die enge Verbindung auf symbolischer Ebene zwischen den Bäumen, dem Leiden Christi und dem Wasser des Paradieses.

Das Mosaik in der Basilika St. Clermente zeigt eine Verbindung von Kreuz und Baum

Im symbolischen Mittelpunkt der Welt berührt das Kreuz Christi gleichzeitig Himmel und Erde und bildet so die Verbindung zwischen beiden Welten. So ist für die Christen das Kreuz der wahre Lebensbaum. Zwischen dem Baum des Lebens und den Flüssen von Eden besteht ein ganzes Geflecht von symbolischen Beziehungen, über das die Mönche meditieren können, während sie das Wasser aus dem Klosterbrunnen fließen sehen. Die Wege im Kreuzgang bilden selbst ein Kreuz auf dem Boden, das an die Kreuzigung, aber mehr noch an den Baum des Lebens erinnert. Die Säulen umgeben den Garten des Kreuzgangs wie die Bäume die Lichtungen, an denen die Einsiedlermönche leben. Sie erinnern auch an die Bäume des Schöpfungsgartens oder an die Olivenbäume im Garten von Getsemane.

In der Offenbarung des Johannes erscheint Gott dem Seher im neuen Jerusalem, und ein Engel zeigt ihm »einen Strom, das Wasser des Lebens, klar wie Kristall; er geht vom Thron Gottes und des Lammes aus. Zwischen der Straße der Stadt und dem Strom, hüben und drüben, stehen Bäume des Lebens. Zwölfmal tragen sie Früchte, jeden Monat einmal; die Blätter der Bäume dienen zur Heilung der Völker.«

Auf symbolischer Ebene entspricht dieser Text dem der Schöpfungsgeschichte. Die Bäume an den Ufern des Flusses im himmlichen Jerusalem werden gleichgesetzt mit dem Baum des Lebens, den Gott in die Mitte des Garten Eden gepflanzt hatte. Dieser war nicht derselbe wie der Baum der Erkenntnis von Gut und Böse, Adam und Eva durften von seinen Früchten essen. Indem er diesen Baum an die Bäume des himmlischen Jerusalem annäherte, deren Blätter heilende Kraft haben, konnte Augustinus sagen, daß der Baum des Lebens Adam und Evan vor dem Altern schützte und ihnen das ewige Leben gab. Daher erhebt sich in alten Taufkapellen oft die Abbildung eines Baums aus dem Taufwasser – der Baum des Lebens.

In der Basilika San Clemente in Rom (erbaut um 1128) füllt ein großes Mosaik die Wölbung des Chorraums aus. Sein Hauptmotik ist ein Kreuz, das aus einer Pflanze mit eingeschnittenen Blättern hervorwächst, die gerade über der Quelle der vier Flüsse des Paradieses ihre Wurzeln hat. Von dieser Pflanze gehen lange Schlingpflanzen aus, die geometrische Formen bilden, gefüllt mit Blüten, Tieren und Früchten: eine bildliche Anspielung auf das Paradies, die die Verbindung von Kreuz und Baum zeigt.

Im 13. Jahrhundert wurde der »Verger de Soulas« (Baumgarten des Sulas) geschaffen, eine Folge von sechzehn Miniaturen, die die Verwandlung des mystischen Baumes zeigen, die Wurzel Jesse, den Baum der Tugenden und Laster, den der Nächstenliebe, den Baum des Lebens, den Baum der Erkenntnis von Gut und Böse. Darin wird sichtbar, welche Bedeutung das Symbol des Baums im mittelalterlichen Denken hatte.

Die Säulen des Kreuzgangs sind zugleich Bild all dieser Bäume, ebenso wie die Wege, die sich schneiden, um das Kreuz Christi zu bilden. Diese Wegkreuzung bringt uns wieder auf das Paradies, aber mehr noch auf den Mikrokosmos, den Menschen im Zentrum von Gottes Garten. Denn der Baum repräsentiert wie der Mensch die Welt, er hat einen Kopf, den man mit der Himmelskuppel gleichsetzen kann, einen Stamm, der der Brust ähnelt, mit der der Mensch atmet, und daher an die Luft erinnert. Der Saft, der in seinen Adern aufsteigt, erinnert an das flüssige Element, und seine Wurzeln, die sich in den Boden eingraben, verbinden ihn wie den Menschen mit der Erde.

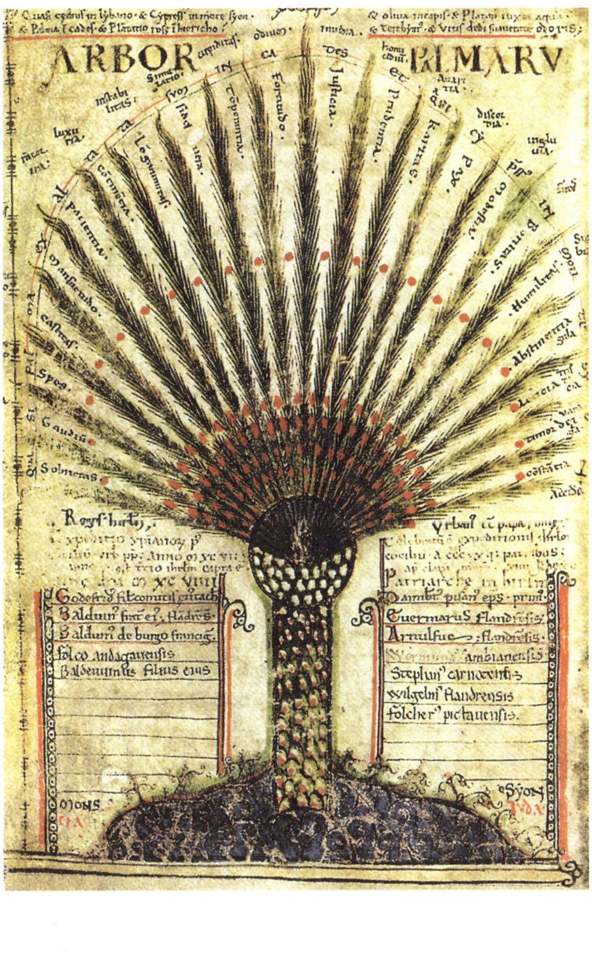

Palme der Tugenden

Es könnte einem schwindlig werden bei der Betrachtung dieser Symbole, deren Bedeutungen sich kreuzen oder entsprechen in einer Spirale, die sich von Mal zu Mal erhebt und dabei immer wieder auf sich selbst zurückkommt, faszinierende Einheit, faszinierende Vielfalt der mittelalterlichen Gedankenwelt. Die Suche nach dem vielfältigen und verborgenen Sinn dieses Gartens, in dem das Herz des Klosters schlägt, läßt sich endlos fortsetzen – Garten der Einfachheit, der Kargheit, doch auch des Reichtums, reich an Blumen und Bäumen, die zwar nicht von dieser Welt sind, aber uns nichtsdestotrotz zum Träumen einladen.

Die Benediktinerregel fordert und fördert den Gartenbau. Um die Mönche ins Paradies zu führen, überläßt sie nichts dem Zufall. Das Leben der Mönche ist vollkommen geregelt; wie sie sich kleiden, ernähren, ihren Tag zwischen Gebet und Arbeit aufteilen sollen, entspricht einem ewiggleichen, genau festgelegten Rhythmus. Dieser harten und zurückgezogenen Lebensweise, dieser Regelmäßigkeit im Tagesablauf entspricht das nüchterne Gleichgewicht der Klosterarchitektur, zu der als wesentlicher Bestandteil die Gärten gehören.
Das Leben der Mönche soll aus Gebet bestehen, und selbst die Arbeit soll Gebet werden. In seiner vergeistigten Einfachheit ist der Kreuzgang der spirituelle Garten, der Ort, an den man sich zur Meditation zurückzieht; Gemüse- und Obstgärten sind die Orte der Arbeit. Die strenge Harmonie des Kreuzgangs deutet auf einen Garten, der nicht von dieser Welt ist, in dem sich die Seele frei von den irdischen Gelüsten bewegt; im Bereich desselben Klosters hat sie ihr Gegenbild in der üppigen Fruchtbarkeit der Nutzgärten, die fest in der Welt des Diesseits verhaftet sind. Ewiger Streit zwischen Himmel und Erde, Geist und Materie? Vielmehr Gleichgewicht und Ergänzung, denn diese in sich geschlossene Welt spiegelt die Stimmigkeit des christlichen Weltbilds: Alles strebt nach Gott, und alles kommt von Gott, und man kann die Schönheit seiner Schöpfung nicht leugnen.
Wohlgeordnete, fruchtbringende Gemüsegärten, idyllische und reichtragende Obstgarten spielen in diesem System ihre spirituelle Rolle. Sie bieten der Ordensgemeinschaft Früchte, Blumen, Gemüse und Kräuter, die sie braucht, um sich zu ernähren, zu heilen und die Altäre zu schmücken, aber neben diesem prosaischen Nutzen sind sie auch Ersatz für das verlorene Paradies. Wenn er in den Gärten des Klosters arbeitet oder umhergeht, bewegt sich der Mönch im Werk Gottes und nimmt auf seine Weise daran teil, daß die Schöpfung Wirklichkeit wird.

Die Ordensregel fördert den Gartenbau

Die Wichtigkeit der körperlichen Arbeit: Arbeit und Armut

Die Arbeit in den Klostergärten ist für die Mönche zunächst eine Form der Askese und des Gebets. Weil Paulus im zweiten Brief an die Thessalonicher schreibt: »Wer nicht arbeiten will, soll auch nicht essen«, folgern die Kirchenväter, für die Armut sei es erforderlich, daß man seinen Lebensunterhalt durch Arbeit verdiene.

In dieser Hervorhebung der körperlichen Arbeit steht die benediktinische Regel im starken Gegensatz zu den Werten der Antike. Die zum großen Teil von Sklaven verrichtete körperliche Arbeit galt zu dieser Zeit als verächtlich, eines freien Mannes unwürdig und umso mehr eines Mannes von vornehmer Herkunft. Wichtig waren die Aktivitäten in der freien Zeit, maßvolle und angenehme Tätigkeiten, interessant, aber ohne Gewinnstreben: das *otium*. Die notwendige, fremdbestimmte Arbeit, Lohnarbeit, die Hektik der Geschäfte, das *negotium*, hatte keinen guten Klang und definierte sich nur als Verneinung des erstrebten *otium*: *nec-otium*.
Auch in der mittelalterlichen Gesellschaft arbeitet nur der dritte Stand, der der *laboratores*. Die Mönche dagegen sind oft Söhne aus vornehmem Haus. Für diese Abkömmlinge von Familien, in denen sich eine Schar von Dienstboten und Tagelöhnern um die Alltagsarbeiten kümmerte, ist es ein Akt der Demut, auf dieses Leben zu verzichten und das Los eines Arbeiters anzunehmen, der für seinen Lebensunterhalt arbeitet. Sie sind nur dazu bereit, weil es auf jeden Fall zum Gelübde der Armut gehört, das sie gegeben haben, als die die Mönchskutte anlegten – eine Kutte, die sowohl das Verlassen der Welt als auch der gesellschaftlichen Schicht anzeigen soll. Die körperliche Arbeit ist für sie das wahre Zeichen ihrer Entsagung.
In der Nachfolge von Pachomius, Cassian und Hieronymus fordert auch der merowingische Geschichtsschreiber Sulpicius Severus die körperliche Arbeit und unterstützt dies mit dem Beispiel eines Einsiedlers namens Paul. Jedes Jahr bebaute dieser heilige Mann einen wundervollen Gemüsegarten, und jeden Spätsommer, wenn der Garten die größte Ernte bot, brannte er ihn ab: So zeigte er, daß das Wichtige nicht die Frucht der Arbeit war, sondern die Arbeit selbst.
Für Augustinus ist die körperliche Arbeit ein enger Weg, der gerade zu Gott führt. Er empfiehlt den Mönchen, bei der Arbeit zu beten und Psalmen zu singen.
In dieser Tradition stellt die Regel Benedikts fest, daß »das Nichtstun der Feind der Seele ist. Die Brüder sollen sich daher zu bestimmten Zeiten mit körperlichen Arbeiten beschäftigen und zu anderen festgelegten Zeiten mit der Lektüre heiliger Schriften.«
Daher gibt es im Kloster verschiedene Werkstätten, in denen die Mönche als Weber oder Schuster arbeiten, um ihre Kleidung und Schuhe sowie andere Gebrauchsgegenstände herzustellen.
Doch die körperliche Arbeit schlechthin ist für den Mönch die Bearbeitung des Bodens, der Erde, aus der Gott Adam geschaffen hat. *Laborare*, das heißt vor allem Feldarbeit. »Wenn die Erfordernisse der Ortes oder die Armut es erfordern, daß die Mönche die Erntearbeiten verrichten müssen, sollen sie nicht unwillig werden. Denn in diesem Moment sind sie wahrhaft Mönche«, sagt Benedikt. Er nimmt auf diese Weise eine lange Tradition der Schrift und die Lebensweise der Einsiedler auf. Die Gartenarbeit gehört eng zur Ausbreitung der Klöster. Die Vorläufer der Bewegung im Orient, die Wüstenväter, bebauten immer ein kleines Stück Land. Hieronymus schreibt über das Leben des heiligen Antonius in der Wüste:

Dort erhebt sich ein hohes und felsiges Gebirge, mit Spalten, aus denen Felsbäche entspringen. Ein Teil ihres Wassers verliert sich im Wüstensand, ein Teil strömt in die

Ebene und wird dort nach und nach zu einem Fluß, den unzählige Palmen beschatten, die dem Platz zu einem zauberhaften, hübschen Ort machen. Dort konnte man den alten Mann (Hilarion) mit den Jüngern des seligen Antonius umhergehen sehen. Dort, sagten sie ihm, habe Antonius selbst gesungen, gebetet und gearbeitet. Jene Weinreben, jene Sträuche habe er mit seinen eigenen Händen gepflanzt: diesen Garten hier habe er selbst angelegt; das Becken, um den Garten zu bewässern, habe er selbst unter großen Mühen gebaut. Diese Hacke dort habe er jahrelang benutzt.

Um 1255 berichtet Jakobus de Voragine in den Heiligengeschichten seiner *Legenda Aurea:*

Der heilige Felix bebaute einen Garten, und als Diebe kamen, um ihm sein Gemüse zu stehlen, fühlten sie auf einmal den den Drang, die ganze Nacht seinen Garten zu bearbeiten, so daß der heilige Felix sie am nächsten Morgen dort bei der Arbeit fand.

Diese Gewohnheit wurde von den ersten Einsiedlern des Westens ganz selbstverständlich übernommen. Als sie sich zusammentaten, um in Gemeinschaften zu leben, pflanzten sie weiterhin ihre Gärten an, und die Kartäuser, die vereinzelt wie Einsiedler innerhalb desselben Klosters leben, haben jeder einen kleinen Garten

Cicero berichtet, daß der Senator Marcus Valerius Corvus noch bis ins hohe Alter seinen Garten bewirtschaftete

vor dem kleinen Häuschen, das ihre Zelle ist. Seitdem bilden die Klöster in der unbebauten Natur, in die sie sich zurückzogen, Inseln des Wohlstands, die an die kühlen Oasen mitten in der Wüste erinnern, dort, wo der Mythos vom Garten Eden entstand.

Jedoch nicht erst wegen Adams und Evas Sündenfall müssen die Mönche den Boden bearbeiten. Wurde der erste Mensch nicht geschaffen, um den Garten zu hüten und zu bebauen, den Gott selbst gepflanzt hatte? Adam und Eva waren also im Paradies wohl damit beschäftigt, den Garten zu unterhalten. Die Bibelkommentare malen die Gartenarbeit der beiden idyllisch aus. Augustinus beschreibt besonders gern, wie sie säen, pfropfen, Bäume umpflanzen, und die meisten mittelalterlichen Gelehrten denken, daß diese Arbeit, die ohne Mühe und Ermüdung von der Hand ging, in Wirklichkeit ein Vergnügen war, um die Langeweile des Nichtstuns zu vermeiden. Auf der Kuppel des Doms von Modena in Italien zeigt ein Relief (1099–1106) Adam und Eva, wie sie mit der Hacke den Boden um einen stilisierten Baum auflockern.

Die Gartenarbeit ist außerdem ein Weg, aus dem Kloster ein Bild des Paradieses und der ursprünglichen Reinheit zu machen. In den Schriften der Mönche, die den Garten betreffen, erscheint oft eine starke Empfindung für die Schönheit der Pflanzen und eine echte Freude daran, sich bei den niederen Gartenarbeiten aufzuhalten. Es erscheint natürlich, im Bereich des Klosters die Arbeiten und Gesten nachzuvollziehen, für die der Mensch von Gott geschaffen worden war. Sie vergessen niemals, daß die Welt ein Überrest des irdischen Paradieses ist und daß man in ihr trotz aller Befleckung durch das Böse und die Sünde einen Reflex des ganzen göttliches Werkes findet.

Esrst als der Mensch aus dem Paradies vertrieben war, lernte er die körperliche Erschöpfung kennen

Was für ein herrliches Bild bieten uns Himmel, Erde und Meer! Und dieser wunderbare Ozean aus Licht, diese Sonne, dieser Mond, diese Sterne, die dunklen Tiefen der Wälder, der Glanz und der Duft der Blumen, ruft Augustinus aus.

Die Stadt Gottes XXII, 24

Daher ist nicht die Arbeit selbst Strafe für den Sündenfall, sondern die Ermüdung und die Abhängigkeit von den Naturgewalten. Erst als der Mensch aus dem Paradies vertrieben war, lernte er die körperliche Erschöpfung kennen, die Stürme und Plagen, die seinen Anbau bedrohen.

Seitdem Bedürftigkeit und Anstrengung das Los der Menschheit geworden sind, seit dem Sündenfall, heißt Dornensträucher abbrennen, Sümpfe austrocknen auch, die Welt zu heilen und zu reinigen von all den Befleckungen, deren böse Macht Gottes Werk beeinträchtigt hatte.

Sagen und Legenden verherrlichen die harte Arbeit des Rodens. Der heilige Léonor sucht sich bei seiner Ankunft aus Britannien einen Platz zum Leben im wilden Gelände an der Mündung der Rance in der Bretagne. Ein kleiner Vogel mit einer Ähre im Schnabel, der sich auf seinen Fuß setzt, gibt ihm zu verstehen, daß in dieser kargen Einsamkeit einmal Weizen wuchs. Er gibt keine Ruhe, bis er der Gegend ihre alte Fruchtbarkeit zurückgegeben hat. Erschöpft wollen ihn seine Begleiter eines Tages verlassen, aber zwölf Hirsche kommen, um sich freiwillig an den Pflug schirren zu lassen, und geben durch ihr Beispiel den Siedlern neuen Mut.

Der bretonische Heilige Goueznou, nach dem heute das Dorf Saint-Gouesnou benannt ist, erhält vom Herrn der Gegend alle Ländereien, die er an einem Tag mit einem Graben umgeben kann. Er nimmt einen Stab und zieht ihn hinter sich über die Erde. Wo er geht, entsteht ein breiter Graben. Zwei Stunden geht er auf diese Weise und gewinnt so genug Land, um ein Kloster als Zufluchtsort für die Armen zu gründen. Die Geschichte ähnelt auffällig der des heiligen Fiacrius, den sich die Gärtner als Schutzpatron wählten, als Heinrich IV. ihnen die Genehmigung zu einer eigenen Bruderschaft gab. Die Legende erzählt, daß sich ein Wald in einen blühenden Garten verwandelte, als er ihn mit seinem Stab berührte. Auch er soll mit den Erträgen seines Gartens Arme und Kranke ernährt haben.

Solche Erzählungen zeigen die Bedeutung der Landarbeit im Leben der Mönche. Wenn die Ländereien, die sie zur Gründung eines Klosters erhalten, ungastlich sind, müssen sie sich mutig an die Arbeit machen, roden, jäten, entwässern, pflügen, bis aus den ausgedehnten Ödflächen friedliche Weiden und fruchtbare Äcker geworden sind. Sie wissen daher, daß sie Gott gefallen, wenn sie die Erde bebauen, die sie sich erobert haben, wie auch die, die man ihnen für Gebete vererbt oder gestiftet hat.

Alle diese Legenden, in denen Mönche wilde Tiere zähmen oder die Natur bezwingen, führen uns zurück zur Schöpfungsgeschichte und dem Auftrag an den Menschen, über die Schöpfung zu herrschen: Ihn hat Gott ermächtigt, jeder Art ihren Namen zu geben.

Wer die Erde bearbeitet, versucht daher, das verlorene Paradies zu erreichen, nicht durch Litaneien und geistliche Übungen, sondern durch körperliche Arbeit und Unterwerfung unter die Ordnung der Natur. Das lateinische Wort *cultura* kann übrigens sowohl landwirtschaftliche Arbeit als auch geistige Bildung oder sogar Verehrung der Götter bedeuten, was sich in den Wörtern »Saatkulturen«, »Kultur« und »Kult« niedergeschlagen hat. So erhalten auch die Mühen der Landwirtschaft einen geistlichen Sinn.

Einen spirituellen Sinn haben auch die Stille und Heiterkeit der Natur und der Rhythmus der Jahreszeiten, eine in die Sterne geschriebene Liturgie, die die Landarbeit bestimmt. Sprichwörter und Bauernregeln, die kirchliche Feste und Feldarbeiten zusammenbringen, unterstreichen diese Ähnlichkeit. Auf den Torbögen der Kathedralen werden die einfachen Feldarbeiten in Stein gemeißelt. Zu jeder Zeit im Jahr gehört ein Tierkreiszeichen. Ernte, Dreschen, Säen, Zurückschneiden, Weinlese sind hier die Seiten eines großen, in Stein gemeißelten Stundenbuchs. Denn die Kirche, die Fasten- und Festzeiten festlegt, ist die Herrin der Zeit. Wenn sie dem Lauf der Jahreszeiten folgen, wissen die Mönche, daß sie sich mit ihrer Arbeit einfügen in das große kosmische Gleichgewicht, die große Harmonie der Welt, wie Gott sie gewollt hat.

Zu jeder Zeit im Jahr gehört ein Tierkreiszeichen

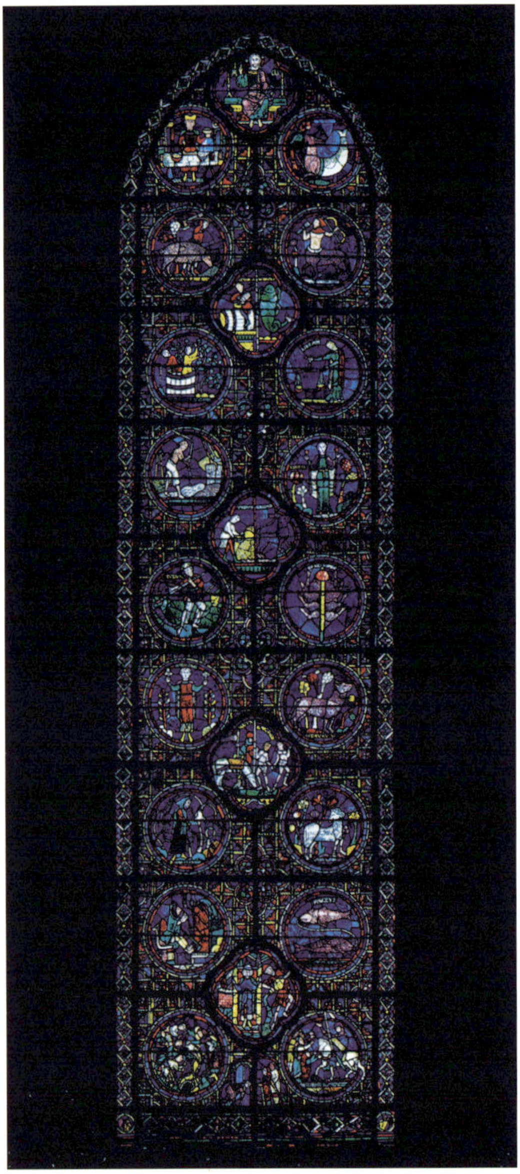

Im Rhythmus der Jahreszeiten gehören auch die Gartenarbeiten zu dieser spirituellen Erfahrung. Durch ihre unabänderliche Wiederkehr hebt die Gartenarbeit schließlich sogar das Vergehen der Zeit auf. Da sich in ihr alles regelmäßig wiederholt, ist in der Zeit der Mönche alles Gegenwart, eine mystische Zeit, die sie der Welt noch mehr entrückt als die hohen Mauern, die ihr Kloster umgeben. Wenn Tage und Jahre sich gleichen, werden sie am Ende ununterscheidbar, in einer Art Zeitlosigkeit, die sich der Ewigkeit annähert.

Die Feldarbeit ist jedoch nicht nur geistliche Übung, sondern auch Bedingung für die Unabhängigkeit des Klosters. Ökonomische Unabhängigkeit, denn durch ihre Arbeit können die Mönche autark und daher abgeschieden von der Welt leben, aber auch spirituelle Unabhängigkeit, denn die Arbeit erlaubt den Mönchen nicht nur, nicht auf Kosten der armen Leute zu leben, die ihnen Almosen geben würden, sondern darüber hinaus selbst Werke der Barmherzigkeit zu tun. So gewinnen die Ordensgemeinschaften durch ihre Selbstgenügsamkeit auch ihre Freiheit. Sie sind keine Last für die Gesellschaft, nicht von ihr abhängig und können sich ihrem eigenen Seelenheit widmen und sich dabei eine gewisse Autonomie gegenüber dem Feudalsystem erhalten. Der Nutzgarten, den die Mönche im Kloster anlegen, ist daher Zeichen dieser ökonomischen wie spirituellen Eigenständigkeit.

Erst mit der Reform von Cluny im 11. Jahrhundert dehnt sich der Gottesdienst so weit aus, daß er das ganze Leben der Klostergemeinschaft in Anspruch nimmt und kein Platz mehr für andere Dinge bleibt, so daß die Handarbeit nicht mehr zum Leben der Chormönche gehört. Hier liegt ein Wendepunkt in der Geschichte des Mönchtums, ein Rückzug und ein Verzicht: Rückzug von der echten Armut, Verzicht auf die Autonomie, die Unabhängigkeit der Klöster, die nun beginnen, für ihre Versorgung mit Gemüse Verträge mit Gartenbauern und Händlern abzuschließen.

Angesichts dieser Entwicklungen kommen im 12. Jahrhundert neue Orden und neue Ordensregeln auf. Die Zisterzienser und die Kartäuser haben die Arbeit wieder in den Mittelpunkt des Klosterlebens gerückt. Bernhard von Clairvaux sagt den Zisterziensermönchen, sie sollten »Honig aus den Steinen und Öl aus den härtesten Felsen gewinnen«. Auch für die Kartäuser ist die körperliche Arbeit sehr wichtig. Auch wenn sie vereinzelt in ihren Zellen leben, bewahren die Mönche hier doch die Werkzeuge für ein kleines Handwerk auf. Und jedes ihrer kleinen Häuschen öffnet sich auf ein gerade handtuchgroßes Grundstück, das den Mönchen den Kontakt zur Natur und zur Gartenarbeit erhält. Wenig später lobt auch Franz von Assisi die körperliche Arbeit. In der Franziskanerregel zitiert er die zu seiner Zeit allgemein bekannten Bibelstellen: »Du wirst dich von deiner Hände Arbeit ernähren, du wirst glücklich und wohlhabend sein.«

Doch diese Erneuerungsbewegung wird nur von kurzer Dauer sein. Die Mönche kümmern sich immer weniger um den Nutzgarten ihres Klosters und vermieten ihn schließlich oft an einen Pächter, im Austausch gegen die Versorgung des Klosters mit Gemüse nach einem genauen Kalender. Einen solchen Vertrag setzten z. B. die Mönche von Saint-Victor in Marseille Ende des 14. Jahrhunderts auf. Neben dem wichtigen Zeugnis, das solche Verträge für die Geschichte der Nahrungsmittelversorgung geben, sind sie zugleich Zeugen für den Verfall des klösterlichen Ideals der Pionierzeiten, als Einsiedler kleine Parzellen bewirtschafteten und sich von Wasser, ein paar Datteln und dem Gemüse ihres kleinen Gartens ernährten. Auch wenn man hier nicht einfach von Ursache und Wirkung sprechen kann, fällt diese Entwicklung doch mit einer Phase des Abstiegs in der Geschichte des Mönchtums zusammen.

Stabilitas und Abkehr von der Welt

Arbeit und Autarkiebestreben der Mönche haben ihren Grund auch darin, daß die Benediktsregel die Brüder für ihr ganzes Leben an ein einziges Kloster binden will, das sie nie mehr verlassen sollen. Zunächst will Benedikt vermeiden, daß das Verlassen des Klosters Gelegenheit zur Versuchung und zu Skandalen gibt. Das Kloster soll möglichst alles bieten, was zum Leben nötig ist, also Wasser, eine Mühle, einen Garten, eine Bäckerei und Werkstätten, damit verschiedene Berufe ausgeübt werden können. Die Mönche sollen keinerlei Notwendigkeit haben, nach draußen zu gehen.

Dennoch können auch die Invasionen der Völkerwanderung, die Italien zu dieser Zeit heimsuchten, diesen Wunsch nach Autarkie erklären. Der Verfall des Handels und der städtischen Struktur des römischen Reichs verstärkten noch ein seit der Antike vorhandenes Ideal der Selbstgenügsamkeit und Selbstversorgung. Schon bei dem römischen Schriftstellern Varro und Vergil sollte ein gutes Landgut alles hervorbringen, was zum Erhalt seiner Bewohner nötig war. Diese Idee war im 9. Jahrhundert noch lebendig, und das Verzeichnis *De villis vel curtis imperialibus*, »Von den kaiserlichen Landgütern und Höfen«, das Karl der Große aufsetzen ließ, um seinen Verwaltern Anweisungen zum Unterhalt der kaiserlichen Güter zu geben, bestimmt, daß das Landgut alles produzieren sollte, was es brauchte. Auf der symbolischen Ebene finden wir hier einen Bezug auf das himmlische Jerusalem: Jeder Ort, der sich selbst genügen kann, ruft den Gedanken der Vollendung, der Einheit, der Vollkommenheit hervor.

In dem Wunsch, das Mönchsleben auf eine kleine und geschlossene Welt festzuschreiben, die daher bekannt und ohne Überraschungen ist, spiegelt sich auch das Streben nach jener inneren Einheit, der die spirituelle Suche der Mönche gilt. Der Einheit der Zeit, die sich aus dem gleichmäßigen Leben und den sich wiederholenden Arbeiten ergibt, entspricht die Einheit des Ortes: Diese macht das Kloster zu einer Welt in sich, wo sich das ganze Leben der Mönche abspielen soll

Mit der Zeit gerät auch dieses Kapitel der Regel aus dem Blick. Bald schon haben die Klöster Güter außerhalb der Mauern erworben und sie von Bediensteten bebauen lassen, Leibeigenen oder »Konversen«, die als Laien im weiteren Sinne Mitglieder der Klostergemeinschaft waren. Sie errichteten Propsteien als Zweigstellen für Güter, die zu weit entfernt vom Mutterhaus lagen.

Trotzdem gab es immer noch Gärten innerhalb der Klostermauern. Selbst wenn die Mönche sie nicht mehr für ihren Unterhalt bebauten, fanden sie hier die nötige Begegnung mit der Natur in der trotz allem beschränkten und fast gefängnisartigen Welt des Klosters.

Die Mäßigung und die Gartenfrüchte

Wenn die Benediktinerregel auch nicht übermäßig streng im Bezug auf die Ernährung ist, so tadelt sie doch die Völlerei und verbietet bestimmte Lebensmittel. Stattdessen schreibt sie eine Mäßigung im Sinne der Bibel und der jüdisch-christlichen Tradition vor. Auch dies ist ein Grund für das Vorhandensein von Gärten in den Klöstern.

Die jüdische Tradition enthält schon Verbote, die den Fleischverzehr betreffen. Als Gott Adam und Eva erschuf, erlaubt er ihnen nur, die Früchte des Gartens zu essen. Fleisch dürfen erst Noah und seine Söhne nach der Sintflut essen. Gott verbietet jedoch Noah, das Fleisch »mit seinem Blut, seiner Seele« zu essen. Aus diesem biblischen Gebot kommt der jüdische und moslemische Brauch, die Tiere zu schächten, also durch Ausbluten zu schlachten. Die Israeliten essen kein Schweinefleisch, das die Bibel als unrein ansieht (Lev 11,3–7).

Die Christen haben ihrerseits einige der jüdischen Gebräuche übernommen. Jakobus von Voragine sagt, das viermalige Fasten solle an das jüdische Fasten viermal im Jahr, vor den großen Festen, erinnern. Hieronymus argumentiert, ein Mönch dürfe kein Fleisch essen, weil auch Adam und Eva im Paradies nur die Früchte des Gartens Eden essen durften. So fördern die Speisegebote seit der frühen Christentum den Verzehr von Gemüse.

Als Gott Adam und Eva erschuf, erlaubte er ihnen nur, die Früchte des Gartens zu essen

In diesem Zusammenhang von Verbot, Entsagung und Askese stehen auch die Wüstenväter, deren ganzes Leben Buße sein sollten. Nach dem Beispiel Jesu, der vierzig Tage in der Wüste gefastet hatte, fasteten sie oft und hart, um sich einer vergleichbaren Reinheit anzunähern. Die Legenden über ihr Leben erhalten zahlreiche Geschichten von heiligen Einsiedlern, die tagelang ohne Nahrung auskamen und sich ansonsten mit einigen Wurzeln, Datteln, Feigen und Kräutern zufriedengaben. Die Hütte oder Höhle des Einsiedlers hat immer einen Garten neben sich, der ihn mit Nahrung versorgt. So ist die Geschichte des Mönchtums von Anfang an geprägt durch Enthaltsamkeit und eine Vorliebe für einfache, möglichst fleischlose Gerichte.

Darum besaßen auch die ersten Klöster in Ägypten kleine Nutzgärten. Die Mönchsregel des Pacomius aus jener Zeit fordert, daß »keiner Gemüse aus dem Garten nehme, ohne den Gärtner um Erlaubnis zu bitten«. Sie bestimmt auch, daß keiner der Brüder »eine Traube oder eine Feldfrucht« essen solle, »ehe er nicht allen Brüdern davon gegeben habe«. Der Historiker der Merowingerzeit Sulpicius Severus erzählt, wie der Abt Pinufius im Alter seine Demut unter Beweis stellt, indem er in ein fremdes Kloster als Novize und Gärtnergehilfe eintritt.

In der Meinung, daß sie die erste todbringende Sünde sei, die die anderen nach sich ziehe, verdammt der asketische Mönch Cassian im 4. Jahrhundert die Völlerei. In seinen *Institutiones* widmet er der Ernährung ein ganzes Kapitel. Als Gregor der Große später die sieben Todsünden festlegt, nimmt er die Völlerei auf. Die *gula* bestimmt sich nicht nur durch Gefräßigkeit und Trunksucht, sondern auch durch die Suche nach auserlesenen Speisen, immer wieder neuen Geschmacksrichtungen. Daher sieht Dante in seiner *Göttlichen Komödie* beim Abstieg in die Hölle abgemagerte, traurige Vielfraße, die ständig von Hunger gequält werden.

Trotzdem sieht die Benediktsregel zwei Mahlzeiten pro Tag vor und legt fest, daß die Mahlzeit zwei warme Gerichte enthalten solle, »damit, wer von dem einen Gericht nicht essen könne, seine Mahlzeit mit dem anderen halten könne; und wenn man Früchte und zarte Gemüse hat, gibt man sie an dritter Stelle hinzu.« Was das Fleisch betrifft, so verbietet Benedikt »das Fleisch der Vierfüßler« für alle, außer für die »die völlig schwach sind und die, die krank sind«. Geflügel dagegen ist für alle erlaubt. Bei den Benediktinern ist es außerdem Brauch, am Tag des jährlichen Aderlasses rotes Fleisch aufzutischen. In einigen Klöstern Südfrankreichs gibt es rotes Fleisch für die Kranken sogar während der Fastenzeit.

Im Vergleich zu den Exzessen der Wüstenväter und zu den Kartäusern, bei denen Fleisch nicht einmal für Kranke erlaubt war, erscheint die Benediktsregel gemäßigt. Umso mehr als sie, mißtrauisch gegen alle Übertreibungen, den Mönchen das Fasten ohne Erlaubnis des Abtes verbietet. Die Härte der Arbeit im Kloster rechtfertigt diese Mäßigung. Wer hart arbeitet, muß sich entsprechend ernähren. Diese Einschränkungen, die zum Gelübde der Armut passen, sind ein Zeichen der Einfachheit. Bis in die Neuzeit unterschied sich die Ernährung der Reichen vor allem durch die Fülle, die Häufigkeit und den Abwechslungreichtum ihrer Fleischgerichte. Dies gilt besonders für das später römische Kaiserreich. Eine reiche Tafel, eine raffinierte Küche und erlesene Speisen waren Zeichen von Reichtum und Kultur und konnten den Ruhm für die Nachwelt sichern, wie Lukullus beweist, der im Namen der »lukullischen Genüsse« weiterlebt. Es gab zahlreiche Kochbücher, die Rezepte waren kompliziert und reichhaltig. Auch im Mittelalter ist die Ernährung der Patrizier vor allem durch Fleisch geprägt. Zum Ende des Mittelalters bilden in den großen Städten wie Paris die zahlreichen Metzger und Grillköche eine mächtige Gilde mit erblichen Vorrechten.

Sich pflanzlich zu ernähren heißt damals, das Los der Armen annehmen und Demut zu zeigen. Vielleicht ist dies der Grund, warum die Mönche so wenig Kochbücher abgeschrieben haben. Von allen Kochbüchern der Antike ist nur die Abhandlung des Apicius *De re coquinaria* von Mönchen überliefert worden, und selbst diese wurde vor allem als Quelle für Vokabeln geschätzt.

Doch wenn auch der Buchstabe der Regel befolgt wird, so vergißt man doch einige Male ihren Geist. Der Spielraum, den die Regel dem Abt läßt, »nach besonderen Arbeiten etwas mehr zu geben, wenn es vorhanden ist«, machte deutliche Lockerungen möglich. Selbst wenn das Bild des gefräßigen Mönchs nicht alle Orden betraf, so ließ die Disziplin manchmal nach. Schon auf dem Konzil von Aachen 817 hatte Karl der Große das Geflügel für die Mönche verboten, außer an acht Tagen in der Osterzeit. Das reichte jedoch nicht aus, wie der Beichtspiegel von Angers zeigt, der 30 Tage Buße für einen Mönch vorsieht, der sich wegen Völlerei übergeben mußte.

Es hat immer wieder Versuche der Rückkehr zur alten Strenge gegeben, z. B. bei den Zisterziensern, doch auch diese ließen nach einigen Jahrzehnten wieder nach. Am Ende des Mittelalters wurde in vielen Klöstern regelmäßig rotes Fleisch gegessen. Trotzdem hatte das Gemüse hier einen Vorzugsplatz. Auch in dieser Hinsicht fallen der Niedergang des Mönchtums und der Verlust an wirtschaftlicher Bedeutung des Klostergartens zusammen.

Die Armen ernähren und heilen: Die Gärten der Barmherzigkeit

Neben der körperlichen Betätigung, dem Kontakt mit der göttlichen Schöpfung und der Ernährung boten die Klostergärten auch die Möglichkeit, den Kranken und Armen zu helfen.

Die Benediktsregel gebietet Gastfreundschaft gegenüber den Armen: Reisende, Jäger, Vagabunden konnten im Kloster Rast und Nahrung finden. In wenig bevölkerten Gegenden bieten Klöster oft die einzige Möglichkeit zu übernachten und ersetzen die Gasthäuser. Auf dem langen Weg nach Jerusalem, nach Rom oder Santiago de Compostela fanden die erschöpften Pilger Unterkunft in Klöstern, die teils wundertätige Reliquien beherbergten und eine Art Vorstufe auf der Straße des Heils oder gar der Heilung bildeten. Wenn man Klöster wie den Mont-Saint-Michel in der Normandie besucht, kann man noch die Säle sehen, in denen die Pilger aufgenommen wurden. Der Patron der Gärtner, der heilige Fiacrius, begann mit dem Gartenbau, um die Pilger zu ernähren.

Klostergemeinschaften, die Armenspeisungen, Krankenhäuser oder Schulen betrieben, mußten viele Menschen ernähren. Im berühmten Stift von Beaune in Burgund bedeckten die Nutzgärten eine beträchtliche Fläche. Und als Mahaut d'Artois 1321 das Hospital von Hesdin gründete, vergaß sie nicht, hier einen Garten anlegen zu lassen, wo Gemüse und Obstbäume wuchsen, aber auch dreihundert Rosenstöcke, deren Blüten zu medizinischen Zwecken dienten.

Der Anbau der Heilpflanzen und die Theorie des Mikrokosmos

Während des Hochmittelalters unterschied die Kirche kaum zwischen Kranken, Armen und allen Arten von Behinderten, die das Land heimsuchen. Man nimmt sie ohne Unterschied in den Hospitälern auf, die damals noch nicht weit vom Pilgerhospiz entfernt sind. Der Name beider Einrichtungen kommt vom lateinischen Wort für Gastfreundschaft, *hospitalitas*. Doch über die Gastfreundschaft hinaus wollen die Mönche den Kranken Erleichterung geben.

Für die Mönche fällt die Heilung des Körpers mit der der Seele zusammen und läßt sich in gleichem Maße durch Gebete und Gnade errreichen wie durch physikalische Heilmittel. Wie die Sünde betrachtet man die Krankheit als Ausdruck der Kräfte des Bösen, denn sie ist Folge des Sündenfalls. Jede Krankheit ist ein Einbruch in die natürliche Harmonie der Welt, und umgekehrt hat daher jede Heilung immer etwas von einem Wunder.

Daher wird klar, warum bis zum Aufkommen der scholastischen Medizin die Mönche die ersten Heilkundigen Europas waren, warum man auch weiterhin so oft Mönche und Ordensschwestern am Krankenbett fand. Daß in ihrer Medizin die Pflanzen eine tragende Rolle spielen, liegt daran, daß für die Christen der Zeit ihre Kräfte eine Glaubensgewißheit waren. Wenn Gott die Krankheit und das Elend in die Welt gebracht hat, so hat er auch die Mittel zur Heilung gegeben, nämlich in den Pflanzen, die ein wesentlicher Bestandteil der mittelalterlichen Heilkunde sind.

Die Schriften des griechischen Arztes Dioskorides wurden in Europa durch die Araber bekannt

In der heilkundlichen Praxis der Mönche gibt es sicherlich einen Teil, der sich aus dem Aberglauben und schwachen Erinnerungen an das Wissen der Druiden speist. Doch ihre besten Kenntnisse entspringen aus den Schriften der griechischen und römischen Ärzte. Das Wissen der Mönche über Botanik und Gartenbau kommt bei weitem nicht nur aus den römischen Schriften über den Ackerbau von Cato, Varro oder Columella, sondern schöpft auch aus antiken Abhandlungen über Medizin, die in den Klöstern abgeschrieben und bewahrt wurden. Oft wurde eine Abhandlung über Heilpflanzen kopiert, die man Apuleius zuschrieb.

Die berühmteste ist jedoch *De materia medica* von Dioskurides. Er unterteilt die Pflanzen nach ihrer Nutzung in Würzkräuter, Heilkräuter und Küchenkräuter. Das älteste erhaltene Exemplar dieses Buches befindet sich in der Österreichischen Nationalbibliothek in Wien und wurde 512 n. Chr. für Anicia, die Tochter des weströmischen Kaisers, geschaffen. Der Codex ist mit Tafeln illustriert, die vielleicht auf Originale des Griechen Krateuas aus dem 1. Jahrhundert v. Chr. zurückgehen.

Es ist nicht leicht zu lernen, wie man die einzelnen Pflanzen erkennt, wenn man nur schriftliche Beschreibungen hat, umso mehr da ohne ein universelles System der Benennung die Pflanzennamen von einem zum anderen Ort wechseln oder dieselben Namen für verschieden Pflanzen benutzt werden. Schon früh ergab sich daher das Bedürfnis, die für die Gesundheit so wichtigen Pflanzen abzubilden. Unter den ersten illustrierten Büchern finden sich daher Bücher über die Heilkunst.

Eins der schönsten und am meisten abgebildeten ist das *Tacuinum sanitatis.* Im 14. Jahrhundert in der Schule des Giovannino de Grassi für die Familie Cerruti aus Verona gemalt, soll es sich um eine Nachbildung eines arabischen Manuskripts aus dem 9. Jahrhundert handeln. Es ist ein Gesundheitsführer in der reinsten Tradition des griechischen Arztes Galen, für jede gezeichnete Pflanzen sind ihre Eigenschaften angegeben, ihre therapeutischen Einsatzmöglichkeiten und die Art der Verabreichung.

Das Buch enthält darüber hinaus viele weitere Informationen über den Einfluß von Jahreszeiten, Winden, Wasser, über die heilende Wirkung von Bädern usw. Sie bekräftigen, daß das, was man heute Phytotherapie oder Pflanzenheilkunde nennt, seine Wurzeln in einer ganzheitlichen Sicht des Menschen und der Krankheit hat. Denn obwohl die Botanik ein wesentlicher Bestandteil ihres Wissens ist, darf man

Die antiken Ärzte Galen und Hippokrates erscheinen in alten Kräuterbüchern

sich die Bücher der Mönche und Ärzte nicht als Abhandlungen über den Gartenbau vorstellen. Es sind eher Bücher über die richtige Ernährung, mit grundlegenden Begriffen über die Art, Lebensmittel zuzubereiten, ihre Verdaulichkeit, den Einfluß der Geschmacksrichtungen auf das Befinden: bis auf wenige Ausnahmen, nichts wirklich Praktisches. Oft zählen sie die Pflanzen auf und geben zu jeder die Eigenschaften mit Angaben, wie man sie verabreichen soll.

Bis zum 9. Jahrhundert waren die Quellen, über die die Mönche auf medizinischem Gebiet verfügten, spärlich und lückenhaft, die Schriften, die sie durch glückliche Umstände retten konnten, oft unvollständig, von sehr unterschiedlicher Bedeutung und Qualität: einige Abhandlungen über die Ernährung, einige der Schriften, die aus der Schule des griechischen Arztes Hippokrates (460–377 v. Chr.) hervorgingen, selten Texte von Galen (etwa 130–200 n. Chr.).

Nach und nach tauschte man solche Schriften untereinander aus, der Vorrat begann zu wachsen. Ein wichtiger Fortschritt war erreicht, als man über die Araber endlich Zugang zum Werk Galens bekam. Anfangs im Abendland nur unvollständig bekannt, wurde ein großer Teil seiner Werke, den arabische Ärzte erhalten hatten, im 9. Jahrhundert von Constantinus Africanus übersetzt, einem Mönch der berühmten Schule für Medizin von Salerno in Süditalien. Von dort hat sich sein Werk in Westeuropa verbreitet und das Wissen der Kleriker bereichert.

Vereinfacht gesagt, beruht seine Lehre darauf, daß er den vier Elementen Feuer, Wasser, Erde, Luft, aus denen nach einer antiken Auffassung die Welt besteht, die vier Grundeigenschaften nach Aristoteles zuordnet: Feuchtigkeit, Trockenheit, Kälte und Wärme. Im menschlichen Körper entsprechen diesen vier Elementen und Eigenschaften vier Säfte, die auf die hippokratische Tradition zurückgehen. Da sind zunächst die heißen Säfte: die gelbe Galle, die von der Galenblase produziert wird, das Blut, das die Leber absondert. Ihnen entgegengesetzt sind die kalten Säfte: der Schleim, den die Lungen hervorbringen, und die schwarze Galle aus der Milz. Einer der beiden heißen Säfte ist feucht: das Blut; der andere ist trocken: die gelbe Galle. Bei den kalten Säften ist der Schleim feucht, die schwarze Galle trocken. Je nach dem, welcher von ihnen vorherrscht, ändert sich das Temperament und wird sanguinisch, cholerisch, phlegmatisch, melancholisch. Alles, was das Gleichgewicht der Naturelemente stören kann, Lufttemperatur, Feuchtigkeit usw., kann Rückwirkungen auf den menschlichen Körper haben und das Gleichgewicht der Säfte beeinflussen. In seinen Abhandlungen über das Wasser und die Luft versucht Hippokrates zu zeigen, wie die Umwelt auf die Gesundheit wirken kann.

Dieses System der Säfte wurde mit der christlichen Lehre und dem Schöpfungsmythos in Einklang gebracht. Am sechsten Tag geschaffen, ist der Mensch die Vollendung des göttlichen Werkes. Er ist nicht aus einem einfachen Gedanken entstanden, sondern aus Lehm geformt, aus einer Mischung von Erde und Wasser, daher Teil der Welt und Ausdruck des ganzen Universums. Selbst gefallen bleibt er der Gipfel der göttlichen Schöpfung, mit der sichtbaren Welt nicht nur durch symbolische Übereinstimmungen verbunden, sondern auch durch körperliche: Die Erde ist sein Fleisch, das Wasser sein Blut, die Luft sein Atem und das Feuer seine Wärme.

Und alle Elemente waren ihm zu Diensten, denn sie fühlten, das jener lebendig war, und sie wirkten mit bei allen seinen Unternehmungen, und er wirkte mit ihnen.

HILDEGARD VON BINGEN, *De subtilitate divina*

Aus dieser Sicht erscheint, da es vier Säfte sind, ein grundlegender Teil der Zahlensymbolik, die die Architektur des Kreuzgangs bestimmt, in einem neuen Licht. Aus diesem Grund weiß selbst der bescheidenste der Brüder, weit weniger gebildet als die Gelehrten, die in der Klosterbibliothek arbeiten, bei seiner beschwerlichen Gartenarbeit, daß er am göttlichen Schöpfungswerk teilnimmt. Denn er arbeitet mit den Elementen, aus denen die Welt besteht: die Erde, die die Pflanzen hervorbringt, das Wasser, das sie nährt, das Feuer der Sonne, das sie erwärmt und überschüssige Feuchtigkeit wegnimmt, die Luft, in die sie sich erheben, und hat so am großen kosmischen Gleichgewicht teil. Umso mehr, als er mit seiner Arbeit den Bruder Krankenpfleger oder den Bruder Apotheker unterstützen kann. Im Schrank mit den Heilmitteln, unter den verschiedenen Substanzen die hier in Töpfen aufgereiht sind, haben die Heilkräuter eine bevorzugte Stellung. Es gibt solche gegen Bauchschmerzen, gegen Fieber und Schüttelfrost, Wundkräuter, die Verletzungen vernarben lassen, Beruhigungsmittel und Abführmittel.

Man kann die Heilkräuter einzeln anwenden, doch der Bruder Apotheker weiß sie auch zu mischen und in Salben, Balsam, Sirup und Elixire zu verwandeln. Sie werden auch als Einlauf, Bad, Kompresse oder Pflaster verabreicht.

Das Kloster besitzt zwei Krankenhäuser: Das für die Mönche liegt innerhalb der Mauern, das an der Pforte ist zur Aufnahme von Gästen bestimmt. Jedes von beiden hat seinen eigenen *herbularius* oder Kräutergarten. Hier werden die Kräuter angepflanzt, die nach dem Trocknen die Büchsen des Bruders Apotheker füllen werden, aber auch die duftenden Zweige, die noch frisch benutzt werden, um den Boden der Krankenzimmer zu bestreuen und die Luft zu erfrischen, oder die wie Gemeiner Rainfarn und Lavendel den Ruf haben, Ungeziefer fernzuhalten.

Im Mittelalter ist jedoch die Ernährung die erste Heilkunst und schließt sich eng an die Säftelehre an. Obwohl die Kirche das Fasten vor allem als Askese sah, verband sie es auch mit der Säftelehre. Daher gibt Jakob von Voragine gute Gründe zum Fasten in allen vier Jahreszeiten:

Da der Frühling eine feuchte Jahreszeit ist, fasten wir im Frühling, um in uns die schädlichen Säfte zu mäßigen, also die Wollust. Da der Sommer eine heiße und trockene Jahreszeit ist, fasten wir um in uns Trockenheit und Habgier zu züchtigen. Da der Herbst ebenfalls eine trockene, aber kalte Jahreszeit ist, fasten wir, um die kalte Trockenheit und den Stolz zu züchtigen. Da der Winter schließliche eine kalte und feuchte Jahreszeit ist, fasten wir, um die Kälte des Unglaubens und der Bosheit zu züchtigen.

Das Fasten ist ihm nicht nur eine Waffe gegen bestimmte Todsünden, er schreibt ihm auch die Kraft zu, die Kardinaltugenden zu erwerben:

Der Frühling bezieht sich auf die Kindheit, der Sommer auf die Jugend, der Herbst auf das Erwachsenenalter, der Winter auf das Alter. Wir sollen daher im Frühling fasten, um unschuldig wie die Kinder zu sein; im Sommer, um stark wie die Jugend zu sein, im Herbst, um uns für die Gerechtigkeit einzusetzen, wie es sich für das Erwachsenenalter gehört, im Winter um die Weisheit und Untadeligkeit der Alten zu erlangen.

Während das Fasten zur Besserung der Seele beiträgt, beeinflußt die Ernährung die Gesundheit des Körpers, denn sie hat teil am Gleichgewicht der Elemente, die den Körper bilden, und am Gleichgewicht zwischen dem Menschen und der Welt, die ihn umgibt. Alles, was der Mensch zu sich nimmt, kann diese empfindliche Harmonie zerstören; um das Gleichgewicht der Säfte zu erhalten, braucht man die geeignete Ernährung. Ein Übermaß an körperlicher Betätigung, Essen oder Trinken kann es zerstören. Daher sind ein großer Teil der medizinischen Schriften, die in den Klöstern gesammelt werden, *regimina sanitatis,* Gesundheitsregeln. Sie setzen Regeln für eine gesunde Lebensweise fest. Auch die Benediktsregel erscheint uns deshalb maßvoll, weil sie eine Gesundheitsregel ist, eine Lebensweise, die, indem sie jedes Übermaß vermeidet, die Mönche in guter körperlicher Verfassung und zugleich fern von der Sünde halten will.
Aus diesem Grund nimmt in der Ordensregel wie in den Gesundheitsregeln die Ernährung einen großen Raum ein. Das Fleisch gilt neben den biblischen Verboten, die es betreffen, als erhitzend und die sexuelle Aktivität fördernd: Das allein sollte ausreichen, es vom Speiseplan der Mönche zu streichen. Einige Gemüse, wie der Lauch, der Kopfsalat und der Chicoree haben im engeren Sinne medizinische Eigenschaften, alle anderen werden den vier Qualitäten zugeordnet und sind heiß, kalt, trocken oder feucht. Man sollte sie daher nicht nur gemäß dem eigenen Körperbau aussuchen, sondern auch nach den Jahreszeiten, und man sollte sie auf eine solche Art zubereiten, daß sie der Gesundheit nicht schaden:

Jedes Kraut ist entweder heiß oder kalt und entwickelt sich als solches: Die Hitze des Krauts steht für die Seele, und die Kälte für den Körper: Je nach ihrer Natur entwickelt sich in ihnen mal die eine, mal die andere, je nach dem, ob sie einen Überschuß an Kälte oder an Wärme haben. Wenn alle Kräuter heiß wären und keines wäre kalt, würden sie denen schaden, die sie benutzen. Wenn sie alle kalt wären und keines wäre heiß, würden sie den Menschen ebenfalls Schaden zufügen, den die heißen behindern das Kalte im Menschen, und die kalten das Heiße.

HILDEGARD VON BINGEN

»De Proprietatibus rerum« von Bartholomäus Anglicus war ein beliebtes Nachschlagewerk aus dem 12. Jahrhundert

Der Geschmack der mittelalterlichen Medizin für scharfe Kräuter und Gewürze läßt sich also nicht nur aus dem Wunsch erklären, die Konservierung der Lebensmittel zu verbessern oder den Geschmack von Fleisch zu heben, das schon länger gelegen hat. Nicht zu vergessen ist auch die Notwendigkeit, die Wirkungen bestimmter Lebensmittel auszugleichen, indem man sie durch Kräuter mit den gegenteiligen Wirkungen begleitet. »Es gibt Kräuter, die, wenn man sie mit bestimmten Lebensmitteln kocht, diese leichter verdaulich für den Menschen machen« (Hildegard von Bingen). Im Sommer zum Beispiel, nimmt man, um die Hitze zu bekämpfen, erfrischende Gemüse wie Gurken zu sich. Man bringt außerdem Kühle und Säure in Verbindung. Daher ißt man zu dieser Jahreszeit saure Äpfel, kocht das Fleisch in Essig und den Fisch im Saft grüner Trauben.

Solche medizinischen Überlegungen waren in den Klöstern sicherlich verbreitet, zu sehr sogar nach dem Geschmack des strengen Bernhard von Clairvaux, der die Mönche seines Klosters ermahnt:

Wozu soll man seine Vergnügungen mäßigen, wenn man den Tag damit verbringt, die verschiedenen Typen des Körperbaus zu studieren und die Lebensmittel, die dazu passen? Die Hülsenfrüchte, sagt man, verursachen Blähungen, Käse belastet den Magen, Milch macht einen schweren Kopf, Wasser schwächt die Lungen, Lauch reizt die Galle, Süßwasserfisch paßt nicht zu meinem Temperament. Was soll das heißen? Findet man nichts zu essen in all den Flüssen, den Feldern, den Gärten? Denkt daran, daß ihr Mönche seid und keine Ärzte. Ihr werdet nicht nach eurem Säftehaushalt beurteilt werden, sondern nach eurer Berufung.

Der heilige Bernhard war wohl außergewöhnlich streng, denn viele Mönche haben über die Eigenschaften der Pflanzen geschrieben und selbst über den Gartenbau. Wer sich für die Geschichte des Gartenbaus interessiert, stößt früher oder später auf die Namen von Hildegard von Bingen, Alkuin, dem berühmten Ratgeber Karls des Großen, Walahfrid Strabo, Albertus Magnus, Bartholomäus Anglicus.
In diesem Zusammenhang werden sie als Botaniker oder Gärtner vorgestellt. Aus ihren Schriften zieht man wertvolle Angaben über die Pflanzen und die mittelal-

terlichen Methoden des Gartenbaus. Aber über diesen unschätzbaren dokumentarischen Nutzens darf man nicht vergessen: Wenn diese strengen Kirchenmänner und -frauen, die zur intellektuellen Elite ihrer Zeit gehörten, sich die Mühe machen, über Pflanzen und ihre Gärten zu schreiben, wenn sie diese Schriften aufgenommen haben in die ersten Sammelwerke, die medizinische Kenntnisse in Europa verbreiteten, so hatte die Gartenarbeit für sie eine Bedeutung, die durch ihren Symbolwert und ihren Nutzen weit über eine Annehmlichkeit hinausging.

Unter diesen Voraussetzungen haben die Mönche, die abgeschieden von der Welt lebten, das Herz auf das Jenseits gerichtet und den Geist erfüllt von Schriften, die unter der Sonne des Mittelmeers geschrieben wurden, aus Sicht der Botanik seltsame Ratschläge gegeben, ohne Rücksich auf die praktischen Gegebenheiten: Bartholomäus Anglicus riet, in England Zypressen, Pinien und selbst Palmen anzupflanzen – eine Bestätigung jener Gesinnung, die so sehr auf das vertraute, was geschrieben stand, daß sie oft die Erfahrung vernachlässigte.

Die Aufteilung der Nutzgärten

Die Pflanzen und die Ordnung der Gärten muß der geähnelt haben, die uns der Klosterplan von St. Gallen zeigt. Er gibt die Platzierung, die Aufteilung und die einzelnen angebauten Pflanzen jedes der Gärten im Kloster an. So viel Sorgfalt und Genauigkeit bestätigen noch einmal die Bedeutung dieser Orte für die Mönche. Auf dem Plan liegt der Küchengarten in einem Winkel, gegenüber dem der Krankenstation. Um die Kulturen der Nutzgärten vor Wind und Frost zu schützen, sind alle Gärten, obwohl sie schon hinter Klostermauern liegen, noch einmal von Mauern umschlossen.

Manchmal werden diese Mauern auch durch Gräben ersetzt, in denen Wasser steht. Sie dienen zur Bewässerung, aber auch zur Fischzucht, denn anstelle des verbotenen Fleisches essen die Mönche viel Fisch. Schon Jesus hatte Brote und Fische vermehrt und den Fischfang der Jünger durch ein Wunder vermehrt. Die Bedeutung der Fische in der Ernährung der Mönche wird bestätigt durch die Vorwürfe, die Bernhard von Clairvaux den Mönchen von Cluny macht: »Doch bei Tisch folgt ein Gang dem anderen, und um das Fleisch zu ersetzen, dessen man sich noch enthält, erscheinen zahlreiche schöne Fische.«

Als Cassiodor das Kloster von Vivarium beschreibt, betont er die Nähe eines ruhigen Baches, dessen Ströme man leicht bändigen konnte. Mit seinen Armen bewässert er den ganzen Garten, versorgt die Bäder, um die Kranken zu heilen, und ein Zug mit dem Netz reicht für einen guten Fang. In seinem *Capitulare de villis* widmet Karl der Große ebenfalls mehrere Absätze den Teichen für Hechte, Schleien, Karpfen und Aale, von denen der Überschuß verkauft wird.

In Maillezais, dem Wohnort von Rabelais nahe Poitiers, bezogen fischreiche Teiche ihr Wasser aus dem Sumpfgebiet. In den Kartäuserklöstern, wo die Regel jeden Fleischgenuß verbietet, waren die Fischteiche unentbehrlich. Man stellt sie sich unwillkürlich ähnlich denen vor, die man auf den Fresken im Palast der Päpste in Avignon sehen kann.

In der Kartause von Liget haben die Mönche den Nutzgarten in der Nähe eines großen Sees angelegt. Man kann sich leicht vorstellen, wie er im Mittelalter ausgesehen haben mag. Im Spiegel des ruhigen Wassers badet ihn die Sonne in honiggoldenen Strahlen. Mit ihrem Spiegelbild im Wasser geben die Kopfweiden der Szenerie einen melancholischen und ländlichen Charakter. Ihre Rinde dient den Mönchen als Mittel gegen Fieber und Schmerzen. Aus ihren biegsamen Zweigen flechten sie leichte Körbe, in denen die Pflanzen wachsen, die man im Herbst in die Erde setzen wird.

Fischteich

Das Wasser bildet eine der Hauptsorgen der Gärtnerbrüder. In den Klöstern fehlt es selten. In der Abtei von Jumièges bei Rouen kann man das Wasser immer noch reichlich und klar in einer natürlichen Mulde stehen sehen, ländliche Erinnerung an die Quelle des Lebens. Im Benediktinerkloster von Bec in der Normandie läuft ein friedlicher Wasserlauf, der einst die Gärten versorgte. Besonders die Zisterzienser siedelten in schattigen Wäldern, tiefen Tälern, ungesunden Mooren, aber immer in der Nähe einer Quelle oder eines Bachs. Wasser umgibt Fontenay von allen Seiten, um das Kloster mit seinem belebenden und erfrischenden Rauschen zu erfüllen.

Das Wasser, Symbol der Reinheit, doch vor allem des Lebens, ist für Menschen wie Pflanzen lebenswichtig. Die Mönche wußten genau, wie man Bäche und Flüsse umleitete, um Mühlen zu betreiben, Seen und Gärten zu versorgen. Im Nutzgarten fließt das Brunnen- oder Quellwasser in kleinen Rinnen, die, wie in einer Oase, Rechtecke von einigen Quadratmetern abteilen. Ein kleiner Erdwall umgibt sie, der das Wasser zurückhält und den man eindrückt, um den Strom umzuleiten. So war es in Clairvaux. In Cluny kann man noch heute an der Stelle des einstigen Nutzgartens diese Rinnen für fließendes Wasser sehen, die damals die Pflanzungen bewässerten. In Fontenay, wo das Wasser überall gegenwärtig ist, am hinteren Ende des Platzes, der einst für das Gemüse bestimmt war, fällt das Wasser in einer kleinen Kaskade in einen Brunnen und speist ein Becken, das zweifellos schon im Mittelalter vorhanden war, wenn es auch noch nicht die elegante Kreisform hatte wie die Becken, die die Nutzgärten des 17. Jahrhunderts schmücken.

Mit dem empfindlichen Saatgut konnten die Mönche so sorgfältig sein wie Walahfrid Strabo, der im 9. Jahrhundert schrieb:

Wenn wieder einmal zu trockenes Wetter die Hilfe des Regens versagt, habe ich aus Liebe zu meinen Pflanzungen und aus Angst, die jungen Triebe könnten verdursten, unter großen Mühen reines Wasser in riesigen Tonnen hergebracht und durch meine eigenen gewölbten Hände auf die Pflanzen fließen lassen, in Tropfen, damit es nicht zu hastig gegossen im Schwall die Körner mitreißt, die ich gesät habe.

Eine Sorge, die mehr als 10 Jahrhunderte später viele Gärtner nachempfinden können. In den Becken, den Brunnen, am Rand der Rinnsale, die durch das Klostergelände laufen, wächst die Wasserkresse. Von ihrem stechenden Geruch soll sie ihren lateinischer Name *nasurtium* haben. Nach Plinius soll der Name von *nasus torsus* kommen, Pflanze, die die Nase verdreht. Aus diesem scharfen Geruch haben die Ärzte geschlossen, daß sie heiß sei, und da sie nahe am Wasser wächst, nennt man sie feucht. Hildegard empfiehlt sie gekocht zur Bekämpfung der Gelbsucht und zur Förderung der Verdauung.

Wenn man die Becken ausleert, die Gräben und Rinnen reinigt, reichert man mit dem Schlamm den Boden der Gärten an. Zu diesem Zweck benutzen die Mönche auch den Mist aus der Tierhaltung, in der sie zum Teil Spezialisten geworden sind, wie z. B. in der Schafhaltung. Auch Taubenmist wird benutzt, der ergiebigste Dünger, den das Mittelalter kannte. Das erklärt zum Teil, warum fast jedes Kloster einen Taubenschlag besaß.

Die Gärtner unterstehen dem Cellerarius, der mit der Versorgung des Klosters betraut ist und der die Mahlzeiten zusammenstellen muß, sowohl nach dem liturgischen Kalender wie nach den wirtschaftlichen Gegebenheiten des Klosters.

Die Werkzeuge sind meist aus Holz, nur der Spaten war mit einer Eisenplatte bedeckt. Denn das Eisen war kostbar, wie eine Geschichte um den heiligen Benedikt bezeugt: Er habe eine Sense aus Eisen aus einem See an die Wasseroberfläche zurückgeholt, die einem ungeschickten und über sein Mißgeschick sehr bestürzten Mönch ins Wasser gefallen war. Diese Legende, die auch anderen Heiligen zugeschrieben wird, zeigt den Wert von eisernen Werkzeugen. In der Karolingerzeit besaß das Kloster von Corbie zwei Spaten, sechs Hacken, zwei Sicheln und eine Sense an Gartengeräten.

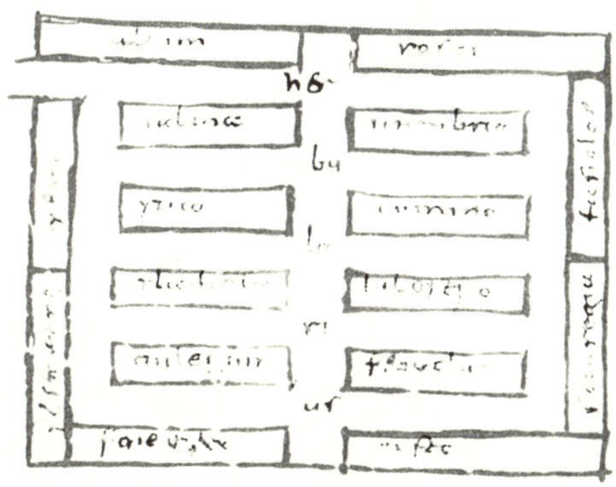

Gartenplan von St. Gallen

Der *hortulanus* oder *gardinarius* (der für den Garten verantwortliche Mönch) legt saubere Beetflächen (*aerolae*) an, umgrenzt von geflochtenen Schilfbündeln, Brettern oder Bohlen. Ihm stehen die Gärtnerbrüder (*curticulari*) zur Seite, die ihm auch beim Umgraben und Bewässern helfen. Mit Hilfe der Miniaturen des 14. und 15. Jahrhunderts kann man sich leicht vorstellen, wie diese Beete und Rechtecke angelegt wurden.

Der Nutzgarten von St. Gallen hat zwei Reihen mit je neun Beeten, symmetrisch an einem Mittelweg entlang angeordnet; sie sind eng und ein wenig erhöht.

So wird die Erde vom Atem des Südwinds getrocknet und von der Wärme der Sonne, und damit sie nicht auseinanderrutscht, wird sie von Holzbrettern umgeben, die ein wenig höher aufgerichtet sind als sie. Man zerkrümelt sie sorgfältig mit gezackten Hacken und verteilt auf ihrer Oberfläche einen gehaltvollen Dünger.

WALAHFRID STRABO, *Hortulus*

Die Mönche überließen nichts dem Zufall, sondern folgten sicherlich den Angaben des Römers Columella um die Breite der Beete festzulegen:

So daß derjenige, der Unkraut jätet, leicht bis in die Mitte reichen kann, so daß die, die das Unkraut ausreißen, nicht gezwungen sind, über die jungen Pflanzen zu laufen, sondern von den Wegen aus erst eine Hälfte des Beetes säubern können und dann die andere.

Walther von der Vogelweide fragt: »waz êren hat frô Bône, daz ma sô von ir singen sol?« Was ist das für eine Bohne, daß man so von ihr singen soll?

Die Gärten enthalten vor allem Hülsenfrüchte, denn nach der Ordensregel ist der erste Gang eine Suppe aus Hülsenfrüchten. Nahrhaft und vor allem gut aufzubewahren, sind Erbsen und weiße Bohnen weit verbreitet. Wenn man die Mengen bedenkt, die von ihnen verbraucht wurden, müssen sie nicht im Garten, sondern auf Feldern angepflanzt worden sein. Das bestätigt die Liste der Gemüse des St. Galler Klosterplans. Der Zeichner hat zwar vorgesehen, die Mauern mit Bohnenstangen zu bedecken, doch auf seinem Plan kommen weder Bohnen noch Erbsen vor, wohl jedoch im *Capitulare de villis*, das nicht einen Garten, sondern ein ganzes Landgut organisiert.

Erbsen und Bohnen sind so alltäglich und billig, daß sie Eingang in Sprichwörter wie »nicht die Bohne« – nicht für den geringen Wert einer Bohne, also gar nicht – gefunden haben.

Man mag die Erbsen frisch und zart, schätzt sie aber vor allem gekocht mit gesalzenem Schweinefleisch. So werden sie als Vorspeise bei großen Essen gereicht und vom Volk wie von den Reichen geliebt. Den Armen jedoch, die an der Klostertüre warteten, gab man keinen Speck, sondern nur einfachen warmen Brei aus getrockneten Erbsen.

Es sind jedoch vor allem die Bohnen die den Grundstock der Ernährung der Armen im Mittelalter bilden. Schon im salischen Recht besonders geschützt, werden sie besonders gelobt, und um das ganze Jahr einen Vorrat zu haben, sät man sie im *Ménagier de Paris* alle vierzehn Tage. Im 14. Jahrhundert lassen die Franziskaner von Avignon in ihren Gärten Knoblauch, Gerste und Bohnen anbauen. Vermischt mit Brot macht man aus den getrockneten Bohnen eine kräftige Suppe, das *pulmentum*, das oft in den winterlichen Speiseplänen erscheint. Ehe sie die Bohnen in großen Kesseln kochten, sprechen die Mönche drei Gebete, dann waschen sie sie dreimal. Wenn ihre Haut aufspringt, spült man sie wieder dreimal mit kaltem Wasser ab, ehe man sie mit dem Speck anmacht. Diese Wiederholung der Zahl drei, die Zahl der Dreifaltigkeit, und die Verwendung von viel Wasser haben vielleicht ihren Ursprung in der antiken Überzeugung – die Cicero deutlich zum Ausdruck bringt –, daß die Bohnen unrein seien.

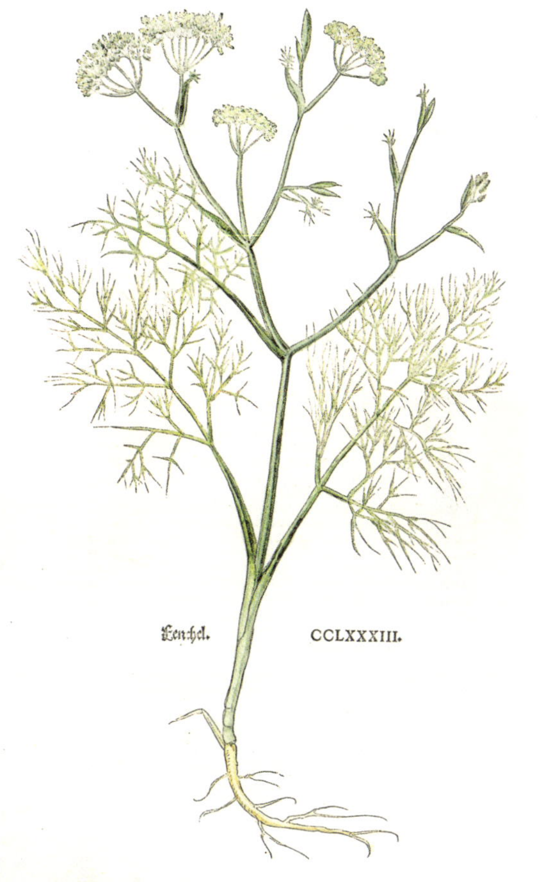

Erst nach diesen stärkenden Speisen bekommen die Mönche die Kräuter des Gartens, also alle Gemüse, die über der Erde wachsen. Um zu jeder Jahreszeit versorgt zu sein und die Eintönigkeit zu vermeiden, pflanzen die Mönche alle möglichen Sorten davon an.

Walahfrid Strabo hatte in seinem Garten Fenchel und Flaschenkürbis

Auf dem St. Galler Plan gibt es ein Beet für die Kohlpflanzen. Wie beim einfachen Volk nehmen sie auch bei den Mönche einen wichtigen Platz in der Ernährung ein und erscheinen oft in den Speiseplänen. Nach dem mittelalterlichen Haushaltsbuch *Le Ménagier de Paris* sind die besten die, »die der Frost geschlagen hat, sie sind zart und schnell gar«. Pastinaken, Meerettich und weiße Rüben haben ebenfalls ihren Platz und sind weit verbreitet. Wie beim Kohl sind auch die weißen Rüben, die Frost abbekommen haben, zarter. In diesem imaginären Nutzgarten darf auch der Lauch oder Porree nicht fehlen; im Mittelalter waren sie so weit verbreitet, daß man auf Französisch alle Suppen »porrées« nannte. Der Mangold, der in diesem Plan erwähnt wird, war an den Rippen nicht so breit wie der heutige und ähnelte den Wildformen, die rund ums Mittelmeer wachsen. Man bereitete ihn mit Mandelmilch oder mit Kuhmilch zu. Er war nicht das einzige Gemüse mit Blättern und Rippen auf dem Plan: Auch der Stangensellerie mit seinem knackigen, würzigen Laub hatte hier seinen Platz.

In den anderen Beeten standen ordentlich aufgereiht Knoblauch, Zwiebeln und Schalotten. In der mittelalterlichen Küche hebt die Zwiebel den Geschmack fast aller Speisen und ist zusammen mit dem Knoblauch eins der begehrtesten Gemüse, sowohl wegen ihres Geschmacks als auch wegen der vielen guten Eigenschaften, die man ihr zuschreibt.
Vielfältige Würzkräuter geben der Küche Geschmack. Auf dem St. Galler Plan wachsen Kerbel, Koriander, Dill, Bohnenkraut und Fenchel. Die Petersilie wird in einer besonderen Abteilung gesät, die gut geharkt ist und von der man alle Steinchen entfernt hat:

Am besten ist sie, wenn man sie im August sät, denn dann blüht sie nicht und erneuert sich das ganze Jahr

Ménagier de Paris

Die historischen Quellen über die Ernährung der Mönche bestätigen diese Aufzählung. Man weiß zum Beispiel, daß im Palast der Päpste in Avignon 1357 Petersilie, Salbei und Majoran wuchsen. Die Würzkräuter ergänzen oder ersetzen in der Kochkunst die Gewürze, die zwar sehr begehrt, aber auch teuer sind.

»Wurzel Jesse« heißt der Stammbaum Marias, der auf Jesse zurückgeht

Diese Liste ist bei weitem nicht vollständig, die unterschiedlichen Böden, Wetterbedingungen und andere Umstände führen dazu, daß die Mönche weitere Pflanzen anbauen. Im Süden kommen die Gurke und der Flaschenkürbis hinzu aus dem die Mönche Wasserflaschen und Küchenbehälter fertigen. Sie wachsen auch in dem kleinen Garten (*hortulus*), den Strabo, der Abt des Klosters Reichenau, um 841 bebaut und in einem Gedicht beschreibt, das oft zum Thema der Klostergärten zitiert wird.
In der langen Beschreibung, die er dem Anbau des Flaschenkürbisses widmet, gibt Strabo an, daß er Astgabeln als erste Rankhilfen für ihr überbordendes Wachstum genommen hat. Danach hat er sie mit erhöhten Torbögen gehalten, den »Spalieren«. In diesen Konstruktionen kann man die Vorläufer der Rankbögen und Gitterwerke sehen, die am Ende des Mittelalters in vielen Baumgärten stehen und die man in der Renaissance in den päpstlichen Gärten wiederfindet.
Neben diesen Gemüsen, die noch heute angebaut werden, ist man erstaunt, im Klostergarten den Schwarzkümmel zu finden, dessen Samen den Pfeffer ersetzten, sowie den Schlafmohn. Andere Arten werden heute kaum noch beachtet, wie der Hopfen, der die Rankbögen beschattete und dessen zarte Sprossen eine köstliche Nascherei sind.
Umgekehrt wurden zu seiner Zeit, in der die harten Lebensbedingungen große Kalorienrationen verlangten, die Salate als wenig nährend angesehen und daher weniger geschätzt als heute. Dennoch prangen in den Gärten der Mönche die breiten Blätter des Kopfsalats. Man findet in den Nutzgärten außerdem Borretsch, Por-

tulak, Wiesenknopf und die kleinen Gänseblümchen, deren Blätter einen feinen Salat ergeben. Die Gartenmelde *(artiplex hortensis)* und der Weiße Gänsefuß *(chenopodium)* werden ebenfalls in großen Mengen angepflanzt. Sie ähneln dem Spinat, den die Araber in Spanien im 11. Jahrhundert einführen und der Frankreich im 12. Jahrhundert erreicht, wo man ihn zu Suppen verarbeitet.

In den Obstgärten stellen die Mönche den Bienenstock auf

Die Früchte nehmen ebenfalls einen großen Platz auf dem Speiseplan der Mönche ein. Von *frugus* kommt das Wort *frugal* für einfache Speisen. Die Obstbäume werden auf offenem Feld in einem weiten Obstgarten gepflanzt, der oft auch als Friedhof genutzt wird. Im Mittelalter bezeichnet das Wort *viridarium* gleichzeitig den Obstgarten und den Friedhof.

Man darf sich nicht wundern, daß die Obstbäume ihren Schatten auf Gräber werfen und die Mauern des Friedhofs bedecken. Da Grabmäler unnütze und weltliche Werke sind, werden die sterblichen Überresste der Mönche in einfachen Gräben bestattet, ohne Blumen und manchmal sogar ohne Namen, bei den Kartäusern, bei denen die Gräber anonym sind. Die Obstbäume im Garten der Toten sind ein starkes Symbol: Ihre Wurzeln reichen durch die Erde hinab bis in das Totenreich, aber ihre Krone berührt das Himmelreich, und ihre Früchte erinnern an die vom Baum des Lebens, denn für die Mönche entspringt aus dem Tod das wahre Leben.

Hier findet man die Symbolik wieder, die sich mit der Wurzel Jesse verknüpft. So erscheint der Baum wie eine Leiter zwischen Himmel und Erde. Er steht für das Kreuz, das der Baum des Lebens ist. In der griechischen Bibel heißt das Wort, das für Kreuz steht, »aufgerichteter Baum«. Darum steht auf dem St. Galler Klosterplan die Inschrift: »Die toten Körper der Brüder liegen rund um das Kreuz, das für die Ewigkeit leuchtet. Sie werden bald auferstehen.«

Auf dem St. Galler Plan hat der Zeichner in seiner Vorstellung einen Haselnußstrauch gepflanzt, einen Pfirsichbaum, einen Lorbeer, einen Mispelbaum, eine Eßkastanie, einen Maulbeerbaum, eine Pinie, einen Feigenbaum, einen Quittenbaum, einen Walnußbaum, einen Apfelbaum, einen Birnbaum, eine Eberesche, eine Vogelkirsche. Man findet hier auch einen Mandelbaum. In den Klöstern werden oft Mandelbäume gepflanzt. Im Winter, wenn es keine frischen Früchte gibt, sind die Mandeln eine nützliche Reserve. Man benutzt sie auch in der Koch- und Backkunst, wie auch als Milch in der Heilkunst. Aus diesem Grund werden sie trotz der Frostgefahr bis an die äußerste Grenze ihrer Klimazone gepflanzt, an Orten, wo heute niemand auch nur daran dächte.

In diesen Obstgärten mit ihrem Teppich aus Gras und Schildklee, geschmückt mit Wiesenblumen, stellen die Mönche zweifellos den Bienenstock auf, dessen Bienen um die Blüten summen. Ihre Rolle für das Kloster ist von großer Bedeutung. Für ihre Pflege richten sich die Mönche vielleicht nach den Vorschriften des Palladius und wahrscheinlicher nach denen Columellas, der ihnen ein langes und detailliertes Kapitel widmet.

Aus ihrem Wachs stellt man die Kerzen her, die die Kirche bei den langen, nächtlichen Litaneien erleuchten. Wachs ist ein kostbares Gut, so daß es manchmal sogar zu den Pflichtabgaben der Pächter auf Klosterland gehört. Eine Legende erzählt, daß der Fürst Eble von Ventadon, ein berühmter Troubadour, unvermutet Besuch vom Grafen von Poitiers und hundert seiner Ritter erhielt, mit dem er um den größeren Reichtum wetteiferte. Um seinen Wohlstand zu demonstrieren, ließ er in wenigen Minuten die Tafel herrichten und ein Mahl auftischen, das einer königlichen Hochzeit würdig gewesen wäre. Doch er überraschte seine Gäste vor allem am Abend: Ein Bauer erschien mit einem Wagen, der von vier Ochsen gezogen wurde und mit Fässern beladen war; er rief: »Die Leute des Grafen von Poitiers sollen kommen und sehen, wie beim Grafen von Ventadon das Wachs geliefert wird.« Aus den geöffneten Fässern strömte eine enorme Menge von weißem Wachs, das der Mann achtlos liegenließ, wie irgendein wertloses Material. Zur Belohnung gab ihm der Fürst ein eigenes Landgut und zeichnete seine Kinder mit dem Ritterschlag aus. – Diese hübsche Legende zeigt den Wert des Wachses im Mittelalter.
Die Bienen sorgen auch für den Honig, den man in Backwerk und Naschereien zum Süßen benutzt. Denn der Zucker, den die hellenistischen Griechen unter dem Namen »Honig aus Rohr« kannten, ist im frühen Mittelalter unbekannt und erscheint erst mit den Kreuzzügen wieder in Europa. Er bleibt jedoch eine Luxusspeise, die kaum in die Klosterküche gehört. Daher ist es Honig, mit dem der Bruder Apotheker Sirup und verschiedenen Arten von Honigwein herstellt, mit denen er die Kranken behandelt, die im Kloster versorgt werden.
Da die beweglichen Rahmen im Bienenstock erst im 19. Jahrhundert erfunden wurden, haben die Stöcke damals nur feste Rahmen. Ihr Aussehen variiert nach den Gegenden. Manchmal werden sie aus hohlen Baumstämmen gemacht, auch aus Stroh geflochten oder aus abgeschnittenen Ruten. Um sie vor Feuchtigkeit und Kälte zu schützen, werden sie mit einem Dach aus Stroh geschützt. Im Obstgarten aufgestellt, sorgen die Bienenschwärme dafür, daß die Baumblüten befruchtet werden, und verbessern so den Ertrag der Bäume auf dem Friedhof. Ohne daß die Mönche etwas davon ahnen, die nichts von der Befruchtung der Pflanzen wissen, sorgen sie wahrscheinlich für das Aufkommen neuer Kreuzungen. Denn viele der Früchte, die die Mönche anbauen, sind weder so süß noch so saftig wie die heutigen und viel näher an den Wildformen. Doch indem die Gartenbrüder nur die besten von ihnen wieder aussäen, erreichen sie nach und nach eine Verbesserung der Sorten.
Auch Bienenstock und Honig haben ihre symbolische Bedeutung. Die erstaunliche Organisation im Bienenvolk macht aus ihm das Vorbild einer perfekten Gesellschaft. Man vergleicht die Bienen mit den christlichen Jungfrauen, und das Bienenvolk wird zum Symbol der Kirche. In seinem Buch *Bonum universale de apibus* gebraucht Thomas von Cantimpré, ein Schüler von Albertus Magnus, den Bienenstock durchgängig als Idealbild für die menschliche Gesellschaft. Der Honig, den die Bienen mit ihrem Mund erzeugen, ist dabei natürlich das göttliche Wort. Die Gleichheit, die im Bienenstock herrscht, macht aus der Biene auch ein Symbol der Gerechtigkeit. Vielleicht hat auch Napoleon die Bildwelt des Mittelalters mit einbezogen, als er die Biene zum Symbol seiner Dynastie wählte.

Neben dem Gemüsegarten und dem Obstgarten ist der *herbularius* der dritte Nutzgarten. Das ist der kleine Garten für Heilkräuter, der auf dem St. Galler Klosterplan im Anschluß an das Krankenhaus und das Haus der Ärzte gezeichnet ist. Von den drei Gärten des Klosters ist er der kleinste. Er wird nicht vom Verwalter *(cellerarius)* in Stand gehalten, sondern vom Vorsteher des Krankenhauses *(infirmarius)*. Obwohl er viel kleiner als der Gemüsegarten ist, ist er ebenfalls in Beete unterteilt (*area* oder *agri*), die jeweils nur mit einer Art bepflanzt werden. Acht der Beete schmiegen sich direkt an die Mauer der kleinen Umfriedung. Die acht weiteren nehmen die Mitte ein und sind durch breite Wege getrennt. Es ist vielleicht kein Zufall, daß es gerade sechzehn Beete sind (vier mal vier): vielleicht wollte man durch diesen Bezug auf die göttliche Vollkommenheit ihre Heilkräfte stärken.

Entlang der Mauern wachsen Weinraute, Poleiminze, Pfefferminze, Bockshornklee und Rosmarin. An den Mauern ranken auch Helmbohnen empor, neben ihnen verströmen Büschel von Bohnenkraut ihren Duft. Die acht mittleren Beete sind bepflanzt mit Kreuzkümmel, dessen Köner zusammen mit denen von Judas-Silberling *(lunaria annua)* und dem gemeinen Kümmel zu den »heißen« Samen gehört, sowie mit krauser Minze, Kresse und Liebstöckel, eine Art von Staudensellerie mit starker Würzkraft. Man findet hier auch Salbei, Fenchel und Iris. Diese letzten dienen neben der Heilkunst auch der Schreibwerkstatt, denn aus ihren Blütenblättern gewinnt man eine grüne Tinte, um Miniaturen auszumalen.

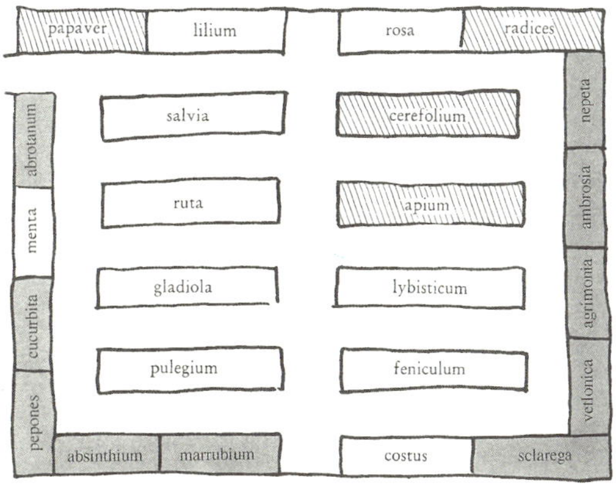

Pflanzplan des Gartens von Walahfrid Strabo

Es ist interessant, diese Heilkräuterliste mit der des Walafried Strabo zu vergleichen, besonders da die Reichenau, wo er Abt war, nicht weit von St. Gallen entfernt liegt. Trotz der räumlichen Nähe stimmen die beiden Listen nicht überein. Die Hälfte der Pflanzen, die den Garten von St. Gallen bevölkern, erscheinen nicht im Garten des Reichenauer Abtes. Dafür kultiviert er Pflanzen, die auf der Liste von St. Gallen nicht erscheinen: Schlafmohn, Radieschen, Kerbel und Sellerie.

Außer Melonen, Flaschenkürbissen und Radieschen nennt Walahfrid Strabo keine Gemüsesorten, obwohl man sich nicht vorstellen kann, daß in seinem Kloster andere wie Knoblauch, Zwiebeln oder Petersilie in der Küche gefehlt hätten. Das deutet darauf hin, daß in seinem Garten vor allem Heilpflanzen vorkamen und daß es wie in St. Gallen noch einen besonderen Küchengarten gab. Die Anwesenheit von Melonen, Flaschenkürbis und eines Pfirsichbaums in seinem kleinen Garten könnte durch eine besonders geschützte Lage begründet sein, die diese empfindlichen Pflanzen vor dem Frost schützte, oder, beim Flaschenkürbis, durch den Wunsch, die »hohen Dächer gewölbter Bogengänge« zu beranken, die in seinem Garten stehen. Zwar weisen die Liste von Walahfrid Strabo und die von St. Gallen fünfzehn gemeinsame Pflanzen auf, darunter Salbei, Weinraute, Fenchel, Iris, Liebstöckel, Lilie, Rose, Minze, Krauseminze (Polei), doch in St. Gallen sind diese über drei verschiedene Gärten verteilt: Die Obstbäume stehen auf dem Friedhof, Eberraute,

Honigmelonen, Schafgarbe, Wermut und andere im Küchengarten. Dies bekräftigt noch einmal, daß in einer Zeit, in der die Ernährung erster Bestandteil der Heilkunst ist, die Unterscheidung zwischen Gewürzkräutern, Gemüsen, Heilkräutern und Duftpflanzen nicht immer einfach zu treffen ist.

Während der Reichenauer Abt uns die Frucht gelebter Erfahrung bietet, bleibt die Liste von St. Gallen reine Theorie. Sie hat zweifellos Anregungen vom *Capitulare de villis vel curtis imperialibus* angenommen, das Karl der Große für die Verwaltung seiner Landgüter bestimmt hatte. In Kapitel LXX erscheint eine Liste von 73 Pflanzen, deren Anbau Kaiser Karl anordnet. Bemerkenswert ist, daß Walahfrid Strabo Vogelbeere, Erle, Heilziest, Odermennig, Andorn und Schafgarbe anbaut, Pflanzen, die im *Capitulare* nicht erscheinen. Vielleicht lag dies daran, daß diese Pflanzen auf dem Land ohnehin weit verbreitet waren und daher nicht extra auf den kaiserlichen Gütern angebaut werden mußten, während die Mönche, die ihre Klausur möglichst nicht verlassen sollten, sie in den Kräutergarten aufnahmen.

Während die Liste der Gemüsesorten ziemlich einheitlich ist, ist es sehr wahrscheinlich, daß die angepflanzten Heilkräuter von einem Kloster zum anderen variieren, je nach Klima und Wissen des heilkundigen Mönchs. Einige Pflanzen, die von weit her kommen, haben Pilger oder Reisende dem Kloster mitgebracht, wenn es sich nicht um eine besondere Wunderpflanze handelt wie die ungewöhnliche Alraune. Die Pflanzenliste bei Hildegard von Bingen zeigt, daß die Äbtissin wie Walahfrid Strabo gemeine Kräuter aus der Umgegend einsetzt. Aus Bequemlichkeit und vielleicht um schönere Themen für ihre Beschreibungen zu haben, pflanzen beide einige von ihnen in den Beeten des Klostergartens an.

Gärtner und Heilkundige versuchen auch auf vielfältige Art, fremde Pflanzen einzuführen, und versammeln manchmal eine große Zahl von Arten, wie z. B. der Dominikanerbruder Henry Daniel, der in der Nähe von London 252 Pflanzenarten

Fenchel und Rosmarin waren in St. Gallen angepflanzt

rechts: Salbei durfte in keinem Kräutergarten fehlen

Saluie
19

kultivierten, die er in seinem Buch *De re herbaria* (1375) beschrieb. In Saint-Victor, in der Nähe von Paris, hatte man sogar eine Pinie gezogen, die im Ruf stand, »die schönste in Frankreich« zu sein, aber leider im Frühling 1435 durch Frost einging.

Im kleinen Kräutergarten gingen die Mönche sicherlich am liebsten spazieren. Entlang der Wege können sie in einem der Beete die blauen Ähren des echten Salbei über ihren grünblauen, weich behaarten Blättern bewundern. Sein lateinischer Name *salvia*, »die Heilende« bzw. »die Rettende«, zeigt die Wertschätzung an, die ihm entgegengebracht wurde. Sein Blau gab einen schönen Kontrast zum warmen gelb der Ringelblumen. Vom Minzenbeet stieg ein erfrischender Duft auf. Wilde Margeritten standen neben Raute, Fenchel und Veilchen. Beim Vorbeigehen gaben die Lavendelbüsche ihren Duft ab, zugleich süß und warm. Der Rosmarin mit seinem wohltuenden Duft, dessen Name »Meeresrose« bedeutet, hatte ebenfalls sein Beet, wie auch der Anis, Kümmel, Kresse, römische Minze, Bockshornklee, Brunnenkresse, Kreuzkümmel.

Große Büschel von Alant wiegten ihre großen gelben Blüten im Wind, während etwas weiter Katzenminze *(nepeta fassenii)* in kleinen, weichen Kissen, bekränzt von zartvioletten kleinen Blüten wuchs. In einer feuchten Ecke ließ der Beinwell seine länglichen, purpurnen oder fast weißen Glöckchen hängen. Sein Nachbar im Halbschatten war vielleicht das Veilchen, dessen bescheidene Farbe Hildegard von Bingen hervorhebt, und von dem sie sagt, daß es »dank der Milde und Leichtigkeit der Luft« wächst. Aus ihnen wurde ein Öl gewonnen, mit dem man sich die Augenlider einrieb, um »den Blick zu klären«. Zur Zeit Karls des Großen ließ man die Blütenblätter in Wein ziehen, um daraus einen Kräuterwein mit Veilchengeschmack herzustellen.

Van Eyck: »Das Lamm Gottes«

Das Maiglöckchen liebt wie das Veilchen einen kühlen Schattenplatz und wächst ebenfalls im Garten der Mönche, besonders da es wie das Salomonssiegel *(poligo-*

natum) eine typische Marienblume ist. Daher hat Van Eyck auf seinem Altarbild »Das Lamm Gottes« Maria mit Rosen, Lilien und Maiglöckchen bekränzt. Wenn durch diese schattige Ecke ein Rinnsal läuft, breitet sich sofort, ähnlich der Butterblume, das Scharbockskraut aus, eine Pflanze für feuchte und schwere Böden, die Fieber heilen soll.

Paradiesgärtlein

Im Kräutergarten wächst auch die Pfingstrose, die schon das Gedicht Macer Floridus im 10. Jahrhundert erwähnt und von der Hildegard von Bingen sagt, daß sie von feuriger Natur sei und gute Eigenschaften habe. Im *Paradiesgärtlein* erkennt man einen schönen Büschel davon am Fuß eines Baumes. Seine Blüten zeigen das schöne, samtige Rot der Wildpaeonien *(paeonia peregrina)*. In diesem Garten zeigen sie noch einfache Blütenblätter, aber schon etwa zwanzig Jahre später sieht man auf der Lichtung des Altarbilds *Das Lamm Gottes* Pfingstrosen mit einer gefüllten Blütenkrone. Vor einer Wand, die ganz mit Efeu bewachsen ist, stehen sie neben anmutigen Schwertlilien und Madonnenlinien.

Diese ist von allen Blumen sicherlich die am meisten verehrte, denn Christus selbst hat ihre Schönheit gelobt. Die mittelalterlichen Ärzte schreiben ihr die Kraft zu, bestimmte Hautkrankheiten zu heilen, und nach Hildegard erfreut ihr Duft das Herz und regt die rechten Gedanken an. Auf der anderen Seite des Bildes steht dieser Ansammlung von Blumen ein keines Dickicht gegenüber, an dessen Saum ein

Vor einer Wand, die ganz mit Efeu bewachsen ist, stehen die anmutigen Schwert- und Madonnenlilien

Im Paradiesgärtlein wächst die Pfingstrose

schöner Strauch von roten Essigrosen *(rosa gallica)* wächst, direkt neben einem Busch, der wie ein Granatapfelbaum aussieht. Er wird flankiert von einer Weinrebe mit Trauben, die zwar noch grün sind, aber für das frühlingshafte Bild trotzdem einen Anachronismus darstellen – sie sind jedoch als Symbol wichtig und müssen deshalb im Bild erscheinen. Am Fuße der Strauchgruppe wächst ein ganzer Teppich von kleinen Blumen, von denen sich einige als leicht erkennbar abheben: das Salomonssiegel *(polygonatum odoratum)* und einige Pechnelken *(lychnis vicaria)*. Dieselben Blumen erkennt man auch im *Paradiesgärtlein,* wo sie um die Schwertlilie herum gepflanzt sind. Sie werden begleitet von der Nachtviole *(Hersperis matronalis)* auf einem etwas erhöhten Beet und einer Art Taubnessel mit rosafarbenen Blüten, bei der es sich um *Lamium garganicum,* eine Wildsorte aus Südfrankreich, handeln könnte. Die gemeine Taubnessel mit weißen Blüten wird von den Mönchen als Fiebermittel kultiviert. Vor der Mauer des Gartens erheben sich die Stiele einer Pflanze, die stark an eine Malve erinnert: Hildegard von Bingen benutzt sie in Umschlägen, um das Fieber zu lindern.

Im Rasen dieses schönen kleinen Hofes sieht man auch Schlüsselblumen *(primula veris)*. Sie sind eine Unterart der Primeln, ein Kraut, das »seine Kraft aus der Sonne zieht, die Melancholie lindert« und das »traurige Menschen bei sich tragen sollten, denn es hat die Kraft, die Geister zurückzudrängen, die sie quälen und bis zum Wahnsinn treiben können« (Hildegard von Bingen).

Der Baldrian fehlt auf diesen Bildern und erscheint auch nicht im *Macer Floridus*. Er wächst jedoch im Garten der Mönche, und Hildegard schreibt ihm die Kraft zu, die Gicht zu heilen. Es fehlt auch das Seifenkraut, das der *Macer Floridus* ebenfalls nicht erwähnt, während Hildgerad es verwendet. Dieses Kraut verbreitet sich zu Beginn des Sommers in weißen oder rosafarbenen Büscheln. Unsere heilkundige Äbtissin meint, daß man Ohrsummen heilen kann, indem man sich einen Schal aus roter Seide umbindet, der mit dem Saft des Seifenkrauts getränkt ist. Auch die Lupinen wurden ausgelassen, obwohl sie seit der Antike bekannt sind und als Viehfutter angebaut werden. Sicherlich erhoben sie ihre blauen Kerzen im Garten von Hildegard von Bingen, denn sie versichert, daß ihre zu Mehl zerstoßenen Samen, zusammen mit Fenchelsamen und Liebstöckel dem Brot beigemischt, gegen Schmerzen und Blähungen der Eingeweide helfen.

Nahe den Klostermauern blühen in St. Gallen die Rosen: Rote und weiße kann man überall bewundern, wie sie ihre biegsamen Zweige um Zäune winden oder an die Mauern der Beete klammern, auf Spaliere gebunden oder in Büschen belassen. Ihre Blütenblätter läßt man in Wein oder Olivenöl durchziehen, um den beliebten Rosenwein oder das ebenso beliebte Rosenöl herzustellen. Nicht weit von ihnen richten ebenfalls nah der Mauer die Madonnenlilien ihre duftenden Kerzen empor. Ihre in Alkohol eingelegten Blütenblätter dienen als Wundheilmittel und zur Behandlung von Verbrennungen und Augenkrankheiten.

Seht die Lilien auf dem Felde, sie mühen sich nicht und spinnen auch nicht. Ich sage euch aber, selbst Salomo in all seiner Herrlichkeit war nicht bekleidet wie eine von ihnen. (Lk 12,27)

Die roten Rosen sind Gartenformen der Essigrose *(rosa gallica)*, die in den Bergregionen von West- und Mitteleuropa wächst. Sie wird seit urdenklichen Zeiten in Gärten kultiviert. Hier wächst sie in runden, dichten Büschen, die im Frühling mit roten, gefüllten Blütenkronen von zartem Duft bedeckt sind.

Die weißen Rosen gehören zur Sorte *Rosa alba*, die anscheinend eine Mischung zwischen der Essigrose und einer anderen, in Europa heimischen Rose ist, der Hundsrose *(rosa canina)*. Man findet sie zweifellos schon seit der Antike in den Gärten, wo sie dichte, fast undurchdringliche Sträucher mit bläulichem Laub und biegsamen, elegant geschwungenen Zweigen bildet. Ihr Duft ist köstlich, und ihre Blüten sind so anmutig, daß sie im Mittelalter so wie heute die Gärtner verführen mußten.

Aus den Rosen gewinnen die Mönche alle möglichen Sorten von Heilmitteln. Zum Beispiel ist es Brauch, sich gegen schlechte Laune die Blütenblätter auf die Augen zu legen, doch es gab seit der Antike noch viele andere Anwendungen. Über diese eigenen Wirkungen hinaus sagt man der Rose außerdem nach, daß sie die Wirkung anderer Zubereitungen verstärkt.

Im Frühling müssen alle diese Blumen und Kräuter zusammen ein schönes Bild in den Beeten abgegeben haben, bunt, duftend, summend vor Insekten und vor Leben. Eine Welt, die die Menschen zerstreuen konnte, die auf einen engen Raum begrenzt waren, eingeschlossen von allen Seiten. Besonders da in diesen Mauern aus Stein die Empfindsamkeit der Mönche für die Schönheit der Natur wächst:

Ich habe einen Garten voller Duftpflanzen, wo Rosen, Veilchen, Thymian und Krokus wachsen, Lilien, Narzissen, Quendel, Rosmarin, gelbe Ringelblumen, Seidelbast und Anis, schreibt Ende des 11. Jahrhunderts der Dichter Baudri, Prior des Benediktinerklosters von Bourgueil.

So ist auch der winzige Einzelgarten, den jeder Kartäusermönch selbst bepflanzt, oft mit hübschen Blumen gefüllt, die den zurückgezogen lebenden Mönchen die Verbindung zur Natur und zum Rhythmus der Jahreszeiten erhalten.

unten: Das gegen Ende des 11. Jhds vefaßte Lehrgedicht Macer Floridus erwähnt den Baldrian nicht

Mönche als Ärzte gab es vor allem bis zum 12. Jahrhundert, dann löste die scholastische Medizin die Klostermedizin ab, und die Kirche mißbilligte die medizinische Tätigkeit von Mönchen. Doch noch lange Zeit werden in den Klöstern Heilkräuter bewahrt, und jahrhundertelang gleichfalls an den Orten der Armenfürsorge: Hospitäler und Hospize, Leprosenheime, Krankenhäuser, natürlich auch Apotheken und Drogerien werden von Orden geleitet. Einige Orden, so z. B. der Malteser- und der Johanniterorden, waren ursprünglich vor allem für die Krankenpflege gegründet worden.

Die Rose wird seit urdenklichen Zeiten in Gärten kultiviert

Blumen zu Gottes Ehre

Oft wird behauptet, die Klöster hätten einen Blumengarten unterhalten, um ihre Altäre zu schmücken. Es gab jedoch im Mittelalter keinen eigens zu diesem Zweck bestimmten Garten, sondern der Gemüsegarten und sicher mehr noch der Kräutergarten dienten den Mönchen zur Zusammenstellung von Blumensträußen. Die Trennung zwischen Nutzgarten und Blumengarten, an die wir uns gewöhnt haben, war nicht immer so klar gezogen wie heute. Sie hat sich erst im Laufe der Renaissance nach und nach vollzogen, und selbst da war sie noch nicht so streng, wie man meinen könnte. Der »Lustgarten« nahm damals Pflanzen auf, die wir heute in den Gemüsegarten setzen würden, wie Erdbeeren, Himbeer- und Johannisbeersträucher, auch Flaschenkürbisse, die über Rundbögen wuchsen. Im übrigen haben, wie wir an der Rose, der Lilie und den Veilchen gesehen haben, viele Blumen eine medizinische Anwendung.

In den Anfängen des Christentums war die Verwendung von Blumen im Gottesdienst nicht selbstverständlich. Die Frage nach dem Aufwand für die liturgischen Orte und die Zeremonien schied die Geister der ersten Christen. Zwischen denen, die meinen, man hätte das Geld für den Schmuck der Altäre besser für die Armen ausgegeben, und denen, die finden, daß nichts zu teuer ist, um Gott zu verherrlichen, erscheint ein Konflikt, der bis zur Reformation immer wieder an die Oberfläche kommt.

Die römische Kultur, in der sich das Christentum verbreitete, machte in ihrem Götterkult sehr großzügig Gebrauch von Weihrauch, Blumenkränzen und -girlanden. In den Prozessionen sah man Tiere geschmückt mit Blumenkränzen und blumendurchflochtenen Bändern. Im Winter, wenn Blumen rar waren, gebrauchte man getrocknetes Fuchsschwanzgras (Amaranth), das man als heilige Pflanze ansah. Einige Pflanzenarten waren bestimmten Gottheiten zugeordnet, so die Rose, die Venus gewidmet war, auch wenn man sie daneben noch in anderen Riten verwendete.

Blumen schmückten auch die Gräber, auf die man sie oft zusammen mit Opfergaben legte. In einigen Testamenten wurde sogar eine bestimmte Summe festgelegt, die die Hinterbliebenen für einen regelmäßigen Grabschmuck verwenden sollten, besonders mit Schwertlilien, die eine typische Grabblume waren.

Bei den Römern hatten die Kränze besondere Bedeutung. Plinius widmet ihnen einen ganzen Abschnitt seiner *Historia naturalis* und nennt dort alle Blumen, die dafür verwendet wurden. Für Kränze waren Rosen die begehrtesten Blumen. Der Brauch, siegreiche Feldherren bei ihrem Triumphzug mit Lorbeer zu bekränzen, Statuen mit Rosen- oder Blumenkränzen zu schmücken oder Blumenkränze an alle Gäste eines Gastmahls auszuteilen, mißfiel natürlich den strengen Kirchenvätern.

In der christlichen Religion ist kein Platz für Opfergaben an Gott, denn der Opfertod Christi ist das letzte und unübertreffliche Opfer. Darüber hinaus ist die jüdische Gottesverehrung, die den christlichen Kult beeinflußt hat, von ganz anderer Natur als in den polytheistischen Religionen. »Du sollst dir kein Bildnis

Die heilige Dorothea ist die Schutzpatronin der Gärtner; nach der Legende brachte ihr ein Engel als Lohn für ihr Martyrium einen Korb Rosen

machen«, heißt es in den Zehn Geboten. In den Augen einiger Christen besteht eine enge Verbindung zwischen Götzendienst, Bilderverehrung und aufwendigem Kult.

So mißtrauen die ersten christlichen Gemeinschaften den Bildern und dem Aufwand im Gottesdienst, zu dem auch die Blumen gehören. Clemens von Alexandrien (150–211) und die anderen Kirchenväter bekämpfen den Brauch, Statuen zu schmücken und ihnen Opfer darzubringen, selbst einfache Blumensträuße. Sie mißbilligen auch den Gebrauch von Blumen während der Liturgie. Einer der strengsten Gegner der Blumen im Gottesdienst ist Tertullian, der im Jahr 211 eine Schrift »Vom Kranz des Soldaten« verfaßt, um zu zeigen, daß Blumenkränze grundsätzlich heidnisch sind. Auch die Blumen auf Gräbern sind in den Augen der Kirchenväter eitle Verschwendung, man hätte das Geld besser für barmherzige Werke verwandt.

Dennoch wurde das Schmücken der Altäre mit Blumen nicht grundsätzlich verurteilt. Einige, wie der heilige Hieronymus, waren übrigens weniger streng. Auch wenn sie meinten, daß es barmherziger sei, das Geld den Armen zu geben, so akzeptieren sie doch, daß es jemandem am Herzen liegen könne, Altäre als Zeichen von Frömmigkeit und Verehrung mit Blumen zu schmücken. Gott selbst hatte immerhin Moses beauftragt, ihm ein prächtiges Heiligtum mit einem Altar zu fertigen, der mit reinem Gold bedeckt war.

Auch wenn sie selbst den Götzendienst bekämpfte, konnte die Kirche doch nicht verhindern, daß sich um die Heiligen eine Verehrung entwickelten. Standbilder von Heiligen erscheinen in den Kirchen des Westens schon im 3. Jahrhundert. Auch Abbildungen von biblischen Szenen findet man dort. In einer Zeit, in der fast nur die Geistlichen lesen und schreiben konnten, hatte schon Papst Gregor der Große Bilder zur Unterrichtungen der Gläubigen für nützlich gehalten, und ungefähr 400 Jahre später, im Jahr 1025, bekräftigt das Konzil von Arras diesen Standpunkt.

Der Konflikt über den Altarschmuck hängt zusammen mit einer theologisch bedeutsameren Frage: der Frage nach der Verehrung von Bildern im Gottesdienst. Von 726 bis 787 spaltete dieser Streit vor allem die östliche Kirche, bis das Konzil von Nizäa entschied, daß die Bilder nicht gegen den rechten Glauben verstießen und man sie an heiligen Stätten aufstellen dürfe. Damit wird auch der Brauch akzeptiert, Blumen am Fuß von Standbildern niederzulegen.

Dennoch bleibt in der Kirche ein gewisses Mißtrauen gegen die Bilderverehrung bestehen. Der angelsächsische Mönch Alkuin nahm als Berater Karls des Großen einen gemäßigten Standpunkt ein: Er verurteilt diejenigen, die Standbilder zerstören, betont jedoch aus Mißtrauen gegenüber heidnischen Tendenzen, die Standbilder dürften nicht angebetet werden.

Und wirklich hat sich um Christus herum im Volksglauben eine Art neues Pantheon von Heiligen entwickelt, deren Verehrung Magie und Aberglauben vermischt. Auch die Verehrung der Reliquien erinnert an alte heidnische Praktiken. In einer solchen Situation mußte auch der liturgische Gebrauch der Blumen aufs neue aufkommen, der in der Antike so verbreitet war und vielleicht niemals völlig unterdrückt worden war. Umso mehr als sich schon seit langer Zeit um Pflanzen und Blumen eine Symbolsprache entwickelt hatte, die sie in die religiöse Gedankenwelt integrierte, ein Reichtum an Bedeutungen, auf den auch die größten Theologen sich gerne beriefen.

Im 6. Jahrhundert lobt daher Fortunat von Todi die merowingische Königin Radegonde, die »an Festtagen mit eigener Hand Kränze für die Altäre flicht« und sie schmückt mit »Girlanden und frisch erblühten Blumen, wobei sie geschickt den Safran mit goldener Blüte verbindet mit dem pupurnen Veilchen. Hier scheint leuchtendes Rot auf, dort mit milchiges Weiß. Alle Farben wetteifern miteinander, und man könnte an einen Krieg der Blumen glauben, sogar im friedlichen Heiligtum.«

Ebenso erhalten sich die Gläubigen gegen die Bedenken der Priester den Brauch, die Gräber ihrer Familie mit Blumen zu schmücken, besonders am Palmsonntag. So fordert der Dichter Prudentius im 4. Jahrhundert die jungen Mädchen und jungen Männer auf, das Grab ihrer Patronin, der heiligen Eulalia, mit grünen Zweigen und Veilchen zu schmücken.

In den Viten der Heiligen werden ihre Wunder und Visionen oft mit Blumen in Verbindung gebracht, besonders mit Rosen.

Seit dem 12. Jahrhundert wächst der liturgische Gebrauch von Blumen. An bestimmten Feiertagen bedecken Blumen und Zweige den Boden der Kirche. Erst recht spät stellt man Blumensträuße in mit Wasser gefüllte Vasen. Einen besonderen Platz nehmen Blumen und vor allem Rosen in der Marienverehrung ein. Während in der Spätantike der Kult der »Großen Mutter« an Wichtigkeit zunimmt, fehlt dem neu entstehenden Christentum eine solche Gestalt, es erscheint als eine Religion ohne Frau. Das Bild der Jungfrau Maria, ihre Verehrung als Gottesmutter, füllt im Volksglauben diese Lücke, denn es erscheint leichter faßbar und vorstellbar als ein Gott, der die Vorstellungskraft übersteigt. Von allen Blumen werden zwei besonders geehrt: die Lilie und die Rose. Die Lilie ist zweifellos die älteste Marienblume. Ihre weiße Farbe symbolisiert zugleich die Reinheit und die Vollendung, ihr sanfter Duft, der wie die menschlichen Tugenden bis zu Gott emporsteigen soll, sind der Grund, warum sie die am häufigsten in der Bibel genannte Blume ist und auch die am häufigsten gemalte.

Von Maria, der Mutter Jesu, geht die Legende, daß die Jünger nach ihrem Tod ihr Grab ohne den Leichnam, jedoch voller duftender Blumen fanden

Der tiefere Symbolgehalt verbindet sich jedoch vielleicht mit der Rose, er ist zugleich komplexer und origineller. Mit Marie verbindet die Rose nicht die Vorstellung der reinen Jungfrau, sondern die der neuen Eva und damit der Mutter des Menschengeschlechts. So wird sie zum Zeichen für Fruchtbarkeit und neues Wachstum. In diesem Zusammenhang gehört sie in die uralten Rituale, die den

Frühling und die Erneuerung feiern. Mit der Erneuerung verbindet sich die Idee der Auferstehung und der Initiation. In den antiken Religionen zielten zahlreiche Initiationsriten im Frühling darauf ab, die Gläubigen wiederherzustellen. In der Spätantike gab man auch dem Stier diese Bedeutung von Tod und Wiedergeburt. Während der Feste für den Gott Attis fand das Taurobolium statt, bei dem der Gläubige mit dem Blut eines geopferten Stiers sozusagen getauft wurde und dadurch für die Ewigkeit wiedergeboren werden sollte. Zu solchen Riten gehören oft Rosen. So werden im Marienmonat Mai, unter dem Sternzeichen des Stiers, beim Fest der *rosalia* Rosen auf die Gräber gelegt.

Die weiße Madonnenlilie symbolisiert die Jungfräulichkeit Mariens

Die Rose hat fünf Blütenblätter: Nach der Vier, der Zahl der Vollkommenheit, steht die Fünf für einen neuen Anfang. Darüber hinaus hat die Rose mit ihrer runden Form, die sich in den Rosettenfenstern der gothischen Kathedralen wiederspiegelt, Anteil an der Symbolik der Kreises, des Rades, also der Vorstellung der zyklischen Wiederkehr der Dinge.

Dies ist sicherlich auch der Sinn des Rosenkranzes, bei dem man immer wieder dieselben Gebete wiederholt, in einem ständigen Neuanfang. Es war ein Dominikaner, Alain de la Roche, der dieses Symbol 1470 erfand. Nach Emil Mâle besteht der Rosenkranz aus drei Sorten von Rosen: den weißen Rosen für die freudreichen Geheimnisse, den roten Rosen für die schmerzhaften Geheimnisse, die goldenen Rosen für die glorreichen Geheimnisse. In fünf Jahren verbreitete Alain de la Roche die neue Art der Frömmigkeit in Frankreich, Flandern und den Rheinprovinzen.

Der Rosenkranz hat auch eine Verbindung zu einem anderen mächtigen Symbol, dem Kranz aus Rosen. Im 14. Jahrhundert sieht man bei Prozessionen wieder die Kränze aus Rosen, die die Kirchenväter mit Verweis auf die Dornenkrone Christi bekämpft hatten. In der griechischen und römischen Antike waren solche Kränze aus Blumen oder Zweigen üblich, doch man findet auch Spuren ihrer Verwendung bei jüdischen Zeremonien. Flavius Josephus führt ihren Gebrauch auf Moses zurück, und beim Laubhüttenfest wurden Weidenkränze getragen.

Verwandt mit der Sonnenscheibe sind die Kränze Zeichen von Ehre und Herrschaft, wie der Ring sind sie jedoch auch ein Ehesymbol. So werden die Rosenkränze schnell das Wahrzeichen der reinen Jungfrau Maria, ehe sie die Gläubigen bei den Prozessionen schmückten.

In einer Rechnung der Kirche Saint-Quiriace in der Stadt Provins vom Jahr 1350 ist von »Rosenhüten« für das Fronleichnamsfest die Rede. Im 14. und 15. Jahrhundert werden oft die Ausgaben für solche »Rosenhüte« erwähnt. Als Gegenleistung für ein Grundstück in der Nähe von Caen schuldete Pierre Porte 1398 der Äbtissin von Caen einen »Hut« aus roten Rosen, abzuliefern in der Abtei der Heiligen Dreifaltigkeit am Tag Johannes des Täufers, zur neunten Stunde. Schon früh gehören Rosen auch zum Pfingstfest. 1366 wird Christi Himmelfahrt als Fest der Rose bezeichnet. 1418 schreibt ein Pariser Bürger in sein Tagebuch, daß man für ein Fest der Andreasbruderschaft am 9. Juni mehr als 60 Dutzend Kränze aus roten Rosen hergestellt habe:

Das Münster von Saint-Eustache war voller Menschen, und fast jeder von ihnen, ob nun Priester oder andere, trug einen Hut von roten Rosen, und es roch so gut im Münster, als ob man es mit Rosenwasser gewaschen hätte.

Selbst wenn man ihnen keine Heilkräfte zugeschrieben hätte, hätten die Mönche doch Lilien und Rosen angebaut, die so eng mit der Marienverehrung verbunden sind und so oft auf den Gemälden der Zeit erscheinen. Man kann sich die Altäre der »Mutter des Menschengeschlechts« nicht ohne den Schmuck einer Lilie oder einer Rose vorstellen. Dabei sind auf den Bildern, die einen geschmückten Altar zeigen, meist nur ein oder zwei Blumen zu sehen, meistens eine Lilie, manchmal eine Lilie und eine Rose in einer Vase, deren Hals zu eng ist, um einen dickeren Strauß aufzunehmen. Die regelmäßigen Abgaben, die in den Urkunden erwähnt werden, sprechen immer von einer einzigen Rose.

So mußten zum Schmuck der Altäre und Gebetsräume die Wildblumen genügen, die die Wiesen des Friedhofs schmückten und einige Blumen, die im Heilkräutergarten wuchsen. Dort konnte man neben der Rose die Pfingstrose, die Nachtviole, den Alant, die Akelei und die Ringelblume pflücken. Auch die Christrose wurde dort angebaut, die angeblich gegen Wahnsinn helfen sollte. Hildegard von Bingen hält sie für ein gutes Mittel gegen »das Aufwallen der Glieder, das man tückisch nennt«. Dessen ungeachtet ist sie eine schöne Blume für Sträuße, die sich in der Vase lange hält. Vielleicht fand man dort auch einige Gewürznelken, wie sie Martin Schongauer im 15. Jahrhundert neben seiner Madonna im Rosenhag gemalt hat. Diese Blumen hatten keine Heilkräfte, erinnerten aber, wie alle Kreuzblüttler, an die Kreuzigung.

Eine solche Haltung gegenüber den Blumen und gegenüber der Natur wurde zur gemeinsamen Tradition vieler Ordensgemeinschaften. Selbst die strengsten unter ihnen, wie die Karmeliter, die keinen Gemüsegarten haben, weil sie es ablehnen, sich um den kommenden Tag zu kümmern, haben doch wunderschöne Gärten voller Blumen, die niemals gepflückt werden und die nur zum Lobpreis von Gottes Güte da sind.

Die runde Form der Rose spiegelt sich in den Rosettenfenstern der gotischen Kathedralen

ZWEITER TEIL – WELTLICHE GÄRTEN

Der Garten der Troubadoure – Liebe und Macht

Der mittelalterliche Garten ruft in uns allen das Bild einer kleinen, paradiesischen Welt hervor, wie sie die Miniaturen in den Ritterromanen zeigen: naive Bilder von friedlichen und zurückgezogenen Gärten, die fast kahl sind und dennoch rühren und zum Träumen einladen.
Auch nach so vielen Jahrhunderten lassen uns die Damen auf ihren feinen Rasenbänken, zugleich in sich gekehrt und bezaubernd, eine Welt voll verfeinerter Sanftheit erahnen. Und wir bekommen Lust, diese Gärtchen zu betreten, um mehr über die Blumen und Kräuter zu erfahren, die hier wuchsen.
Doch es gibt aus dieser Zeit nur wenige schriftliche Zeugnisse über die Techniken des Gartenbaus. Und die Beschreibungen in der höfischen Literatur erscheinen Gärtnern wie Laien ärmlich, vage und klischeehaft. Was kann man aus ihnen über die mittelalterlichen Gärten schließen? Auf technischer Ebene fast nichts, das ist wahr. Um zu erfahren, wie die Gärtner des 11. Jahrhunderts arbeiteten, genügt es nicht, das Rolandslied zu lesen. Woher kommt dann diese Faszination der mittelalterlichen Gärten? Deutet sie nicht an, daß jenseits der bezaubernden Bilder der Literatur, des Reichtums und der Feinheit der Miniaturen eine symbolische Dimension liegt, die in uns unbewußte Saiten zum Klingen bringt?
Die Grundhaltung jener Zeit war es, mehr auf die Bedeutung der Dinge als auf ihre Wirklichkeit zu achten, mehr nach den Zeichen als nach den Tatsachen zu sehen. Auch die Art, wie die mittelalterliche Literatur den Garten beschreibt, läßt sich daher nicht auf einige Elemente reduzieren, aus denen er sich zusammensetzt. Selbst wenn man seine wenigen Bestandteile gezählt, untersucht, beschrieben hätte, seine Umzäunung, die Wiesen, die Blumen, den Rasen, die Bäume, die Quelle oder den Bach, hätte man fast nichts über ihn ausgesagt. Denn wie der Kreuzgang weit mehr ist als ein einfaches Rasenrechteck inmitten von Klostergebäuden, so belebt auch die Gärten der weltlichen Sagen und Legenden weit mehr als die wenigen Blumen, die sich darin finden.

Die Liebe in ihrem Garten: Caritas und Cupiditas

Das Aufblühen des Ritterromans fällt in die Zeit der Vollendung des Feudalsystems und der Festigung einer Gesellschaftsordnung, in der der Stand der adeligen Herren mehr und mehr das Übergewicht über den der Kleriker bekam. Der Adel tut sich nicht nur durch seinen Reichtum und seine Privilegien hervor, sondern auch durch seine sorglosere, verfeinerte und freigebige Lebensweise: eine Welt der Gaukler, Höflinge, der eleganten und schönen Frauen, die sich in schönen Gärten tummeln. Die ersten Werke höfischer Literatur wurden von Graf Wilhelm IX. von Aquitanien (1071–1127) geschrieben und breiteten sich schnell vom Süden in den Norden aus. Sie brachten in die düsteren Festungen Nordfrankreichs ein wenig von der verfeinerten Sinnlichkeit der islamischen Höfe, wo Wilhelm eine Zeit lang in Gefangenschaft gewesen war. In seinen Liebesromanen spielen Gärten eine so wichtige Rolle, daß man bis heute, wenn man von mittelalterlichen Gärten spricht, an die aus seinen Romanen denkt. Ob reduziert auf einen Baum bei einer Quelle wie in den Heldenliedern oder ausführlicher beschrieben, es gibt fast immer Szenen, die in einem Garten spielen. Er heißt auf Französisch meist *verger* (Baumgarten), und seine Schönheit macht ihn zu einem Ort der Wonnen *(locus amoenus)*. Die symbolische Dimension dieser Gärten steht außer Frage. Während sie in allegorischen Romanen wie dem Rosenroman, dem *Livre du cœur d'amour épris* oder der *Göttlichen Komödie* klar zu Tage tritt, existiert sie in Form von Anspielungen auch in erzählenden Werken wie dem des Chrétien de Troyes.

Der Garten der Minne – ein Garten der Frauen

Seit *Tristan und Isolde* und *Lancelot* sind so viele Liebes- und Abenteuergeschichten geschrieben worden, daß man sich kaum noch vorstellen kann, wie sehr zur Zeit von Abaelard und Heloise diese Literatur gewagt, originell und unerhört erscheinen mußte. Für unser Thema ist besonders der tiefe Zusammenhang zwischen dieser weltlichen Liebe, der Minne, und dem höfischen Garten wichtig. Im 12. Jahrhundert beschäftigt die Liebe nicht nur die Dichter, sondern auch die Mönche, Theologen und Philosophen. Sie ist ein zentraler Begriff der christlichen Gedankenwelt.

Doch während der Klostergarten, vergeistigtes Bild des Paradieses, der uneigennützigen christlichen Nächstenliebe entspricht, der Barmherzigkeit *(caritas)*, also der höchsten der drei christlichen Tugenden, weist das Bild des höfischen Gartens auf eine andere Form von leidenschaftlicher Liebe, sinnlich und voll Begierde, die die Theologen von der *caritas* unterschieden und *cupiditas* nannten.

Für sie wie für den Kirchenvater Augustinus entsteht die Sünde nicht durch den geschlechtlichen Akt selbst, sondern durch die Begierde, die ihn begleitet, und von der Adam und Eva frei waren, bevor sie sündigten. Sehr früh schon war die Erbsünde mit der Fleischeslust gleichgesetzt worden. Die Ausleger der Bibel sahen den Beweis dafür darin, daß Adam und Eva erkannten, daß sie nackt waren, nachdem sie vom Baum der Erkenntnis gegessen hatten. Dieser Baum wird daher als Phallussymbol gesehen: Er stand in der Mitte des Paradieses wie der Phallus im Körper Adams. Daher sahen die Menschen in der Darstellung einer Schlange, die sich um den Paradiesbaum windet, sofort das Symbol weiblicher Wollust. Dieser Symbolik begegnet man auch in der höfischen Dichtung: Die Liebenden treffen sich unter einem Baum.

Die Liebenden treffen sich unter Bäumen

Da die Erbsünde im Garten des Paradieses begangen wurde, stellen sich die Menschen des Mittelalters den Garten als einen Ort der Frau und der Liebe vor. Das Mittelalter ermutigt die wahre Liebe, die zu Gott führt. Es verurteilt dagegen, selbst in der Ehe, das heftige Verlangen. Und weil Eva im Paradies Adam zur Sünde angestachelt hat, mißtraut das Mittelalter den Frauen, die lange Zeit als Verführerinnen, als lüstern, launenhaft und unbeständig gelten.
Um ihr Mißtrauen und ihre Herrschaft zu begründen, mußten die Männer sich nur auf die Bibel berufen. Bei der Vertreibung aus dem Paradies sagt Gott dort zur Sünderin Eva: »Ich werde sehr vermehren die Mühsal deiner Schwangerschaft, mit Schmerzen sollst du Kinder gebären! Nach deinem Mann wird dein Verlangen sein, er aber wird über dich herrschen!«
Während die Frauen in der epischen Literatur fast nicht vorkommen, bildet die höfische Literatur den Ausgleich. Die Liebe wird nicht nur zum Motor der Intrige, sondern bei der Minne ist die Dame in der beherrschenden Position, sie unterwirft den Ritter ihren Launen und Wünschen, während er in Liebesknechtschaft, den Minnedienst, verfällt. Eine Konstellation, die viel über die gewandelte Beziehung zwischen Frau und Mann aussagt.

Im 12. Jahrhundert, als die höfische Literatur aufblüht, erscheint die Liebe als ein Gefühl, das gegen die asketische Tradition der Kirche gerichtet ist. Die Begeisterung für sie wird begleitet von eine neuen Wertschätzung der Frauen und von einer Intensivierung der Marienverehrung. Parallel dazu bekommt der verschlossene Garten widersprüchliche und ambivalente Bedeutungen: Er kann sowohl ein geheimer Ort der Sinnenfreude als auch Symbol der Keuschheit sein. Der höfische Garten erscheint als Ort irdischer Freuden im Gegensatz zur ätherischen und keuschen Reinheit des Paradiesgartens. Zu diesem gehört der Mariengarten, zu jenem der Garten der Dame.

Vom locus amoenus zum hortus conclusus – Vom Garten der Dame zum Garten Mariens

Den biblischen Paradiesgarten und sein Erbe aus dem antiken Persien verbinden die christlichen Autoren sehr früh und ganz selbstverständlich mit dem literarischen Topos vom *locus amoenus*, wie er bei Vergil und anderen antiken Dichtern beschrieben ist. Auch dies ist ein Grund, warum man vom Garten Eden, Ort der Reinheit, die weder Sünde noch Wollust beflecken sollten, so leicht zu den Gärten der Ritterromane übergehen konnte, die wie das genaue Gegenbild des Garten Eden wirken.

Mit der höfischen Dichtung wird der Garten, von den Mönchen zum Gebet und zur Ehre Gottes bestimmt, zum Gelände der Liebe: *locus amoenus*, Lustgarten für die Treffen der Liebenden. Diesen Gegensatz stellt Jean de Meun klar ins Licht, wenn er im Rosenroman das Bild des Paradieses dem des höfischen Gartens gegenüberstellt. Im Gegensatz zum geistlichen Garten der Mönche stellt sich der höfische Garten bewußt auf die Seite des Körpers und seiner Freuden: Die Liebe zur Dame, auch wenn sie nicht immer befriedigt wird, ist keine vergeistigte oder platonische Liebe, sie sucht körperliche Erfüllung. Doch die Verbindung zwischen dem biblischen und dem höfischen Garten ist weder so einfach noch so einseitig, wie es auf den ersten Blick scheinen mag. Denn auf paradoxe Weise sind es gerade die Madonnenbilder, die stark von der höfischen Dichtung und ihrer Sicht auf den Garten der Dame beeinflußt sind.

Die aufblühende geistliche Poesie im Zisterzienserorden – die sogenannte »Christusminne« – und die wachsende Marienverehrung im Volk begegnen sich im selben historischen Moment: Daraus erwächst das dichterische Bild des *hortus conclusus.* Diese Gleichzeitigkeit könnte vermuten lassen, daß die Marienverehrung der Ursprung dieser Dichtung und ihrer Idealisierung der Frau ist. Doch in Wirklichkeit verläuft die Entwicklung in die umgekehrte Richtung. Berhard von Clairvaux bringt den Gedanken von der Mutter Jesu als Mittlerin zwischen ihrem Sohn und den Menschen auf. Mit ihm gehören die Zisterzienser zu einer Strömung, die seit den Anfängen des Christentums dazu neigt, der Gottesmutter mehr Platz einzuräumen. Seit Christus als der neue Adam angesehen wurde, war Maria die neue Eva. Die Jungfrau, die ohne Sünde empfängt, macht den Fehler Evas wieder gut und befreit die Frauen so von dem Makel, der sie seit dem Ursprung der Welt belastet. Der Weg war damit wieder geöffnet, die Frauen konnten ohne Scham in den Garten zurückkehren, aus dem sie mit Schimpf und Schande verjagt worden waren.

Die Verehrung der Dame hat auf die Marienfrommigkeit abgefärbt

Im Gegenzug sind die Bilder, mit denen die höfische Dichtung den *hortus conclusus* beschreibt, auf Maria umgemünzt worden. Die Verehrung der Dame hat auf die Marienfrömmigkeit sozusagen abgefärbt. Die Kunst des späten Mittelalters zeigt Maria in ihrem Garten mit offenen Haaren wie ein junges Mädchen und reich gekleidet wie eine vornehme Dame. Diese Art der Mariendarstellung erscheint erst mit der höfischen Literatur.

Bis zum 12. Jahrhundert vergleichen die Hymnen und Gebete an Maria sie niemals mit einem Garten, und erst seit 1220 nennt man Maria *Notre-Dame:* Unsere Liebe Frau.

Im 15. Jahrhundert umgeben die Künstler Maria mit sieben Attributen: dem verschlossenen Garten, dem Turm Davids, der Quelle, der Lilie in den Tälern, dem Stern, der Rose und dem makellosen Spiegel. Abgesehen von dem Stern, der sich aus der hebräischen Bedeutung des Namens Maria, Meerstern, erklärt, entsprechen alle diese Zeichen Bestandteilen des höfischen Gartens. Als der gestrenge Bernhard von Clairvaux aus dem verschlossenen Garten des Hoheliedes ein Symbol der Ehe machte, stand er wahrscheinlich unter dem Einfluß der höfischen Dichtung, in der der Garten Herrschaftsgebiet der »Dame« ist.

Zwischen der Symbolik des Gottesgartens und dem Garten der Dame entwickelt sich ein Netz von gegenseitigen Einflüssen und Bezügen, das die mittelalterliche Vorstellung vom Garten prägt.

Die römischen Dichter Vergil, Statius und Ovid, die im Mittelalter überliefert und abgeschrieben wurden, haben durch ihren Einfluß dazu beigetragen, den Garten der Dame üppig darzustellen. Dieser ist zugleich ein letzter Nachhall der heiligen Haine der Antike: Ein Wäldchen oder ein Baum neben einem Felsen, an dessen Fuß eine Quelle entsprang wurde von einem Zaun oder einer Mauer umgeben *(temenos)* und mit einem Altar unter freiem Himmel ausgestattet. Nachdem der Kult von den Heiligen Hainen immer mehr in festere Heiligtümer überging, hatte sich dieser besondere Ort *(locus electus)* immer mehr verweltlicht und für die römischen Dichter in einen Ort der Wonnen *(locus amoenus)* verwandelt. Längst ein Gemeinplatz in der antiken Dichtung, wurde die Darstellung von Bäumen und Quelle von Dichtern wie Horaz und Petron noch um den Duft der Blumen, den Gesang der Vögel und eine sanfte, erfrischende Brise bereichert.

Um den Garten Eden zu beschreiben, haben die christlichen Dichter immer wieder auf diesen Vorrat an Bildern zurückgegriffen.

Schon im 4. Jahrhundert beschreibt der Dichter Prudentius das himmlische Paradies als einen schönen Garten, *wo bedeckt von purpurfarbenen Rosen*
die ganze Erde duftet und, getränkt von kleinen Quellen
mit hurtigem Wasser, dichte Ringelblumen
zarte Veilchen und zerbrechliche Krokusse hervorbringt.

Auch der lateinische Dichter Dracontius aus Nordafrika beschriebt um dieselbe Zeit den seligen Garten Gottes, wo die Blumen niemals welken, wo die Bäume immer neue Früchte tragen, denn der Garten kennt weder Wind, noch Winterkälte noch Frost.

Die Bestandteile des höfischen Gartens und ihre symbolische Bedeutung

Im 12. Jahrhundert stellt Mathäus von Vendôme in seiner Dichtkunst die sieben Anziehungspunkte eines *locus amoenus* zusammen: Lichtungen, Quelle mit klarem Wasser, Bach, grüne Wiese, weiße Blumen, Bäume, Vögel. Manchmal kommen noch Früchte hinzu. Diese Aufzählung läßt sich, wie es sich im Mittelalter gehört, nach den vier Elementen und den fünf Sinnen unterteilen. Da der Garten ein Ort der sinnlichen Freuden ist, sind hier alle Sinne vertreten: Der Gesichtssinn mit den Blumen, der Geruchssinn mit ihren Düften, das Gehör mit dem Gesang der Vögel, der Geschmack mit den köstlichen Früchten, der Tastsinn mit der sanft streichelnden Brise oder dem weichen Rasen, auf dem man sich träge ausstrecken kann. Die fünf Sinne sind auch das Thema der Wandbehänge um die *Dame mit dem Einhorn*, die vor dem Hintergrund von tausend Blumen in einem Garten auf Motive der höfischen Liebe anspielen.

Dame mit Einhorn

Während jedoch der antike *locus amoenus* mit dem bukolischen Mythos von Arkadien und der Beschreibung des idyllischen Tals der Tempe verbunden ist, also mit einer ganzen Landschaft, ist der höfische Garten, wie das Paradis, ein umzäunter Ort, selbst wenn einmal, wie in dem Roman *Guillaume de Dole* (1225), der Wald selbst sich in die Umzäunung verwandelt, die eine Lichtung umschließt, auf der sich alle Attribute eines *locus amoenus* finden und die Schauplatz eines höfischen Festes wird.

In der höfischen Literatur wird der Garten zumeist von einer Mauer umschlossen. Diese Mauer bildet manchmal einen Kreis, Symbol der Vollkommenheit und damit Bezug auf das Paradies. So zum Beispiel in einer Abhandlung über die Liebe *(De amore)*, die die Kirche im Jahr 1277 verurteilt. Andreas Capellanus setzt in diesem Buch den Liebesgott in die Mitte eines runden Gartens, der von einem Kreis aus Sumpfland umgeben ist, der das Fegefeuer darstellt, und selbst angrenzt an einen Kreis, der die Hölle bildet. Doch der Garten im Rosenroman ist wie die meisten auf mittelalterlichen Miniaturen quadratisch.

Eine der typischen Erscheinungsformen des mittelalterlichen Gartens ist der Garten im Würfelmuster. In den großen Gärten vom Ende des Mittelalters bilden die Beete ein Patchwork aus Grüntönen. Man muß unwillkürlich an ein Schachbrett denken. Das Schachspiel kommt aus dem Orient und ist im Mittelalter bekannt. Schon die Ritter im *Rolandslied* spielen Schach in dem Garten, in dem sich Karl der Große aufhält.

Das Schachspiel und das Schachbrett bringen eine ganze Palette von Bildern und Symbolen mit sich. Das Schachbrett, auch Brett des Damespiels, ist mit seinen vier Richtungen zugleich Abbild der Welt und des Königreichs. Selbst der Boden der Kathedralen ist manchmal mit schwarzen und weißen Platten im Schachbrettmuster ausgelegt, die eine kosmische Bedeutung zu haben scheinen. Der Gegensatz zwischen den schwarzen und den weißen Feldern erinnert an den Kampf zwischen Licht und Finsternis, der oberen und der unteren Welt. Dies ist eine Welt, in der Finsternis und Licht sich mischen wie Gut und Böse in der Schöpfung, und wo man seinen Weg finden muß. Auf dem Schachbrett deutet schon die Anzahl der Felder, 64, also 8 mal 8, auf die Weltordnung: Die Acht ist die Zahl der Windrose und der Himmelsrichtungen.

In den großen Gärten des späten Mittelalters bilden die Beete ein Patchwork aus Grüntönen

In diesem Sinne besitzt das Schachbrett eine ähnliche Symbolik wie der Kreuzgang, doch in anderer Hinsicht erinnert er auch an den höfischen oder königlichen Garten. In der keltischen Sagenwelt spielen die Schachturniere (schon das Wort »Turnier« in diesem Zusammenhang ist bedeutsam) eine wichtige Rolle. Diese Sagen und ihre Symbolwelt könnten eine Rolle in der höfischen Vorstellung und der Anlage des Gartens gespielt haben, der als eine Art Spielfeld gesehen wird, auf dem Rivalitäten ausgetragen werden. Gerade das höfische Spiel der Minne mit seinen Eroberungsstrategien erscheint wie eine Übertragung des Schachspiels. Deshalb findet man hier auch dieselben Symbole wieder: den König, die Dame, den Turm, das Pferd und den in Felder eingeteilten Garten. Das Dame-Spiel spricht schon in seinem Namen für sich, das Wort »Dame« selbst kommt vom lateinischen *domina*, »Herrin«.

Ein anderes Spiel, das sich in den Gärten der Zeit wiederfindet, ist der Irrgarten bzw. das Labyrith, bei dem die Spieler in weiten und immer näheren Kreisen den Mittelpunkt zu erreichen suchen. Eine Suche mit Initiationscharakter, die an die ritterliche Suche nach der Liebe oder nach dem Gral erinnert. Der Garten ist so Schauplatz des Liebesspiels und gibt der Minne, selbst wenn sie zum Ehebruch führt, einen verspielten Charakter. Indem sie so aus der Welt der alltäglichen Verpflichtungen herausfällt, scheint sie weniger tadelnswürdig.

Im *Rosenroman* ist die unüberwindliche Mauer, die den Garten umgibt, von außen mit verschiedenen Bildern bemalt. Sie stellen die Hindernisse gegen die Minne dar, die in der höfischen Welt kein Wohnrecht haben. Es sind der Haß, die Gemeinheit, die Bosheit, die Habsucht, der Geiz, der Neid, die Traurigkeit, das Alter, die Heuchelei und die Armut, von denen zwei zu den sieben Todsünden gehören. Die anderen Bilder haben wenig mit der Religion zu tun. Alle zusammengenommen zeigen, daß der Garten ein abgesonderter Ort ist, abgeschnitten von der Wirklichkeit, ein Bereich für das Spiel, wo Sorgen und Ärger des täglichen Lebens keinen Platz haben. Als geheimen Ort betritt man den Liebesgarten im allgemeinen nur durch eine einzige Tür.

Die Tür ist schon immer als Symbol des Eintritts, also der Einweihung, verstanden worden. Der Bezug auf die Jungfräulichkeit und die Entjungferung ist zu offensichtlich, um sich dabei länger aufzuhalten. Dennoch ist in der höfischen Dichtung die Umzäunung nicht immer Symbol für die Jungfräulichkeit. Im *Rosenroman* scheint die enge, fast versteckte Tür eher ein Zeichen für die Unnahbarkeit der Dame. In anderen Gedichten ist sie Symbol der Treue.

Als geheimen Ort betritt man den Liebesgarten nur durch eine einzige Tür. Im Rosenroman erscheint die enge Tür als Symbol für die Unnahbarkeit der Dame

Der Garten hatte weder Mauer noch Zaun,
sondern ringsherum eine Schicht von Luft.
Tatsächlich umgab, wie durch Zauberkraft, eine Mauer aus Luft den Garten wie ein Eisenzaun, und man konnte ihn nur durch eine einzige Tür betreten. Den ganzen Sommer und den ganzen Winter über gab es hier Blumen und reife Früchte, die man im Garten essen konnte. Denn der, der sie mit hinausnehmen wollte, fand den Ausgang des Gartens nicht mehr, bis er die Frucht nicht an ihren Platz zurückgelegt hatte.

CHRÉTIEN DE TROYES, *Erec et Enide*

Die Mauer aus Luft, die den Garten beschützt und die nur eine einzige Tür hat, ist offensichtlich das Zeichen für die Treue der Dame, die die Tür einzig ihrem Freund öffnet. Doch unter dem Begriff der Beständigkeit scheint ebenso der des Eigentums durch. Man fragt sich, ob die Mauern in diesem Fall nicht auch die der Eifersucht sein können. Dies ist der Fall in der *Nouvelle du perroquet*, wo »der Garten zu gut verschlossen ist und die Wachen keine Ruhe haben«.

Darunter liegt, mit leisem Bedauern, der Gedanke, daß die Mauern die Liebenden gefangen halten und sie in einer eigenen Welt einschließen, die sie vom Rest der Gesellschaft trennt. Dies ist der Fall in *Erec et Enide* im Garten der »Freuden des Hofes«. Mabonagrain, der Ritter, der den Garten im Auftrag seines Freundes bewacht, ist in Wahrheit sein Gefangener, der mit allen kämpfen muß, die in den Garten eindringen wollen, bis er einmal besiegt wird.

Doch wenn die Mauern auch als Gefängnis gesehen werden können, so werden sie doch meist als Schutz wahrgenommen, der die Liebenden den eifersüchtigen oder mißgünstigen Blicken entzieht. So im *Cligès* von Chrétien de Troyes: »Rings um den Garten ist eine hohe Mauer, die an den Turm grenzt. Niemand kann hier eintreten, ohne zuerst durch den Turm zu gehen.« Der Turm, der hier in die Mauer integriert ist, will als schützendes Symbol verstanden werden, das die geschlossene Welt der Liebenden bewacht.

Der Turm, der später eines der Attribute der Madonna wird, ist im Mittelalter ein Zeichen für Stärke und wird in diesem Sinn von den Malern und Buchillustratoren verwendet, um die Stärke als Kardinaltugend darzustellen. Durch den Schritt von der Stärke zum Zwang wird der Turm im literarischen Zusammenhang oft das Symbol für Gefangenschaft und Hindernisse auf dem Weg der Liebenden. In der Geschichte von *Aucassin et Nicolette* schaut Nicolette traurig von einem Turm aus in den Garten, untröstlich, daß sie Aucassin nicht heiraten kann. Der Artusritter Lancelot wird von Meleagant in einen Turm eingeschlossen; von einem Turm aus beobachtet auch Guenièvre Lancelot beim Kampf, ohne ihm ihre Liebe zeigen zu können. Es gibt noch viele weitere Beispiele von jungen Mädchen, die in einem Turm eingeschlossen um ihren Freund weinen, von dem sie getrennt sind. Im weiteren Sinne gehören auch die heilige Barbara und Rapunzel dazu. Eine junge Frau in einem Turm zu platzieren ist daher Zeichen eines physischen oder seelischen Zwangs.

Ein weiteres Element des höfischen Gartens ist das Wasser. Das Motiv des Wassers trifft sich zunächst mit einem anderen Motiv des höfischen Gartens, dem Spiegel.

Im Rosenroman gab es auf dem Grund des Brunnens, ganz unten, zwei Kristalle, die ich aufmerksam betrachtete. (...) Das war die Wirkung jenes wundersamen Kristalls: Der ganze Ort, Bäume, Blumen und alles, was einen Garten schmückt, spiegelt sich hier in seiner Ordnung (...). Im Spiegel sah ich unter tausend anderen Dingen Rosenbüsche voller Rosen.

Das stehende Wasser wird zum Spiegel und zeigt dem, der sich dort betrachtet, sein eigenes Bild. Wie Narziß kennt der, der sich dort betrachtet, keine andere Liebe als zu sich selbst. Man muß an den Spiegel der bösen Königin im Märchen von Schneewittchen denken. Dieser ist ein Symbol der Eitelkeit, oder, wie wir heute sagen würden, von Narzißmus.

Messire Gauvain überquerte die Brücke und drang in das Schloß ein, und als er oben war, im Herzen des Schlosses, sah er unter einer Eibe in einem Garten ein junges Mädchen, das allein in einem Spiegel sein Gesicht betrachtete

Chrétien de Troyes, *Perceval*

Zum Spiegel gehört auch der Gedanke der Glanzes, des Funkelnden. Im Mittelalter sind Schönheit und Helligkeit oft verwandte Begriffe. Schön ist, was hell, strahlend ist: die Blumen im Garten funkeln wie Edelsteine, ihr Glanz nimmt den des Wassers auf, das durch das sonnige Gras läuft.

Ich sah ein Licht in Form eines Flusses, glänzend zwischen zwei Ufern, die mit Blumen eines herrlichen Frühlings geschmückt waren. Von diesem Fluß gingen Funken aus, die sich überall unter die Blumen setzten, wie Rubine, von Gold umgeben

DANTE, *Göttliche Komödie*, 30. Gesang

Wie die Blumen ist auch die Dame als leuchtend helle Schönheit beschrieben: Blond, von weißer Hautfarbe und hellen Augen, »mit weißen Händen«, wird sie oft wie Maria mit einer Lilie verglichen. Die Sonne, Licht- und Lebensspenderin, wird ebenfalls oft mit der Schönheit der Dame verglichen.

Der Reichtum des Gartens, sonnig, fruchtbar, voller mannigfaltiger Blumen und Bäume, wird begleitet vom Aufwand in der Kleidung. An diesem Ort schenken Damen und Ritter ihrem Putz besondere Aufmerksamkeit. Es gibt nur prachtvolle Kleider, mit Hermelin gesäumte Mäntel, Paraderüstungen, kostbar gezäumte Pferde – als ob das Schillern der Blumen, das Funkeln des spiegelnden Wassers, das bunte Schimmern der Gewänder und der Glanz der Edelsteine nur Reflexe der Liebe sind, die das Leben der Liebenden erleuchtet. Es sei denn, durch all diesen Luxus hätten sich die Höfe, wo diese Geschichten vorgetragen wurden, selbst überzeugen wollen, daß sie als kulturelle Elite sich besonderen Aufwand schuldig seien.

Das Wasser kommt aus einer Quelle oder einem Brunnen in der Nähe eines Baumes. Dieses Wasser, das durch den Garten läuft wie das Blut in den Adern, ist auch Zeichen der Leidenschaft, darum wird die entschwundene Liebe manchmal als Brunnen dargestellt, der versiegt ist.

In der Mitte war eine Quelle, die schön, klar und rein war, sie sprudelte mit solcher Kraft, daß sie zu kochen schien, obwohl sie kälter als Marmor war.

Lai de l'oiselet

In *Yvain, der Löwenritter* gibt es ebenfalls eine Quelle, deren Wasser kocht, obwohl es kälter als Marmor ist. Dort geht es um die Leidenschaft, die in den Adern der Liebenden fließt, ohne daß sie dies nach außen zeigen.

Fließendes Wasser ist vor allem Symbol des Lebens, der Stärke, der Kraft und der Jugend, und im Gegensatz dazu auch der vergehenden Zeit, denn die Jugend vergeht immer zu schnell.

In dieser wunderbaren Welt der höfischen Gärten hat die Quelle vielleicht den Volksglauben vom Jungbrunnen zum Hintergrund, der dem Badenden Jugend, Gesundheit und ewiges Leben geben sollte.

Die erste der drei Quellen war derart beschaffen, daß wer immer in ihr badete oder aus ihr trank, welchen Alters er auch sei, sofort wieder dreißig Jahre alt wurde, die zweite war derart, daß der Mann oder die Frau, die darin badeten, von nun an nicht mehr sterben konnte, doch diese Quelle erschien nur an einem einzigen Tag im Jahr. Die dritte Quelle schließlich hatte die Wirkung, daß sie das Leben zurückgab und volle körperliche Gesundheit.

Alexanderroman

Ein verschlossener Born ist meine Braut, eine versiegelte Quelle

Deutlich ist der Bezug zwischen diesem heidnischen Bild des Jungbrunnens, der ewige Jugend gibt, und der Quelle des Lebens der Christen. Doch während die eine das ewige Leben in einem ätherischen Paradies symbolisiert, in dem ein spirituelles Glück herrscht, bietet die andere ein verzerrtes Bild und zeigt den gottlosen Wunsch, auf der Erde ewig an den materiellen Freuden teilhaben zu können. Diesen Gegensatz deutet Jean de Meung in seinem *Rosenroman* an, wenn der beschreibt, daß der Brunnen in seinem Rosengarten aus zwei Quellen gespeist wird. Die Zahl Zwei steht bekanntermaßen für die Zerrissenheit des Diesseits.

Im Volksglauben findet sich der Mythos vom Jungbrunnen seinen Ausdruck in den Legenden, die unzählige von Wunschbrunnen und wundertätigen Quellen überall im Land umgeben. Oft sind ihre magischen Kräfte an den Gedanken der Heilung und Fortpflanzung gebunden. Manche von ihnen verleihen den Frauen Fruchtbarkeit. Andere stehen in dem Ruf, den Ablauf der Schwangerschaft zu erleichtern oder gut für das ungeborene Kind zu sein. Die meisten schützen vor Krankheiten oder heilen sie. Auf dem Hintergrund dieses Volksglaubens gewinnt das Motiv der Quelle im Mittelalter eine Eindringlichkeit und Kraft, die wir heute kaum nachfühlen können.

Wie das Wasser, das im Garten rieselt und rauscht, erinnert auch der Frühling im Garten an die Jugend. Er gehört zu den üblichen Beschreibungen des höfischen Gartens. Diesen Ort der körperlichen Freuden erreichen weder Kälte noch Unwetter, er wird praktisch immer als Frühlingsgarten beschrieben.

Zum Beginn der schönen Jahreszeit, wenn die Bäume Blüten und Blätter treiben und die Vögel fröhliche Feste in ihrer Vogelsprache feiern, möchte die schöne Fenice den Turm verlassen, in dem sie seit Monaten zur Erholung von einer Krankheit lebt, und einen Garten besuchen: »Mein schöner, lieber Freund, es täte mir gut, mich in einem Garten zu zerstreuen. Seit fünfzehn ganzen Monaten habe ich nun weder Sonne noch Mond gesehen. Und wenn es möglich ist, würde ich gerne ans Tageslicht gehen, denn ich bin in diesem Turm eingesperrt. Und wenn sich hier in der Nähe ein Garten fände, wo ich von Zeit zu Zeit nach draußen gehen könnte, würde mir das sicherlich sehr gut tun.« (...) Als die Tür sich öffnete und Fenice die Sonne sah, wallte ihr Blut vor Freude auf.

CLIGÈS, *Chrétien de Troyes*

Frühling und Garten sind ständig wiederkehrende Motive der höfischen Romane, weil sie mit Sexualität und Jugend zusammenhängen. Die Menschen des Mittelalters und der Antike müssen die Rückkehr des Frühlings nach der kalten Jahreszeit viel stärker empfunden haben als wir. Mit ihm kam die Wärme zurück, aber vor allem auch das Licht. In den kalten und schlecht erleuchteten Häusern müssen die Wintertage recht traurig und kurz erschienen sein, die kalten Nächte dagegen endlos.

Im Mai fanden Feste statt, bei denen sich die jungen Leute mit Blättern bekränzten

Die Riten des Frühlings, der Liebe und der Auferstehung haben immer schon zusammengehört. Die Natur, tot während der Wintermonate, erwacht im Frühjahr zu neuem Leben, wenn sie sich begrünt. Die archaischen Religionen feiern im Frühling die Hochzeit von Himmel und Erde: eine Befruchtung der ganzen Natur, die in den Boden neuen Samen für die nächste Ernte legt. Aus dieser Verbindung wird ein junger und schöner Gott geboren, der im Rhythmus der Jahreszeiten im Herbst stirbt, um jedes Frühjahr wieder aufzuerstehen. Tammuz, Attis und Adonis sind typische Beispiele für solche Jahreszeitengötter. Sie sind eine Konstante vieler Religionen, zu der auch Frühjahrsriten und -feste gehören. Zum Frühling gehört auch die Jugend. Die Säftelehre nennt den Frühling eine Jahreszeit, die günstig für sexuelle Aktivität ist. Der Monat Mai ist darüber hinaus dem Sternzeichen des Stiers zugeordnet, Symbol für Fruchtbarkeit und kraftvolle Sexualität.

Zum Götterkult im Frühling gehören die Blumenkränze. Wie beschrieben werden diese von der frühen Kirche heftig bekämpft. Weil sie vergänglich sind, sind die Blumen Symbol der Jugend. Weil aus ihnen die Früchte entstehen, sind sie auch Symbole des Weiblichen. Als eine Art Ehering aus Pflanzen, der an die heilige Hochzeit, die fruchtbare Verbindung zwischen Himmel und Erde und an Fruchtbarkeitsriten erinnerte, gehörten die Blumenkränze zum Kult der Kybele, der Demeter, des Dionysos und des Adonis. Die Kränze, mit denen sich Brautpaare schmückten, gehören in denselben Symbolkreis.

In der höfischen Dichtung findet man diese Kränze wieder. Im *Lai de l'ombre* tragen die jungen Leute »Kränze aus Veilchen und Immergrün«.

In der höfischen Dichtung findet man die Blumenkränze immer wieder. Bewachsene Bogengänge, Rankgitter und Spaliere sind in großer Zahl auf den Miniaturen zu sehen

Der schöne Ritter der die Liebe im Lai con cobra trifft, trug Mantel und Gewand aus Veilchen und Überwurf aus Rosen und Schuhe aus roten Blumen: Nie hatte man schönere gesehen, und er trug auf seinem Kopf einen Kranz aus Ringelblumen mit einem Rubin.

Im Mai fanden Feste statt, bei denen sich die jungen Leute mit Blättern bekränzten. Im Stundenbuch des Herzogs von Berry wird dies auf dem Blatt des Mai sichtbar. Zu den Frühjahrsfesten gehört auch ein anderes Motiv, das die mittelalterliche Dichtung durchzieht: Das Zelt in der Mitte eines Gartens oder einer Lichtung. Auf diese Leinenpavillons gehen auch die Gartenpavillons aus Rankgittern und die bewachsenen Bogengänge zurück. Schon Griechen und Römer bauten bei einigen Zeremonien Hütten aus Schilf für die Teilnehmer, so beim Demeterfest und bei den Bacchanalen. Bei den Neptunalia, die im Sommer zur Ehre Neptuns gefeiert wurden, bauten sich die Römer Hütten aus Zweigen.
Zu diesen antiken Festen gehörte auch das jüdische Laubhüttenfest, das Gott dem Mose aufgetragen hatte für den Tag, wenn das Volk das gelobte Land erreichte:

Doch am fünfzehnten Tag des siebten Monats, wenn ihr den Ertrag des Landes eingesammelt habt, sollt ihr sieben Tage das Fest des Herrn feiern. Am ersten Tag soll Ruhe sein, und am achten Tag soll Ruhe sein. Und ihr sollt euch am ersten Tag prächtige Baumfrüchte nehmen, Palmwedel und Zweige von dichtbelaubten Bäumen und von Bachpappeln und sollt euch vor dem Herrn, eurem Gott, sieben Tage freuen. (...) In Laubhütten sollt ihr wohnen sieben Tage. Alle Einheimischen in Israel sollen in Laubhütten wohnen, damit eure Generationen wissen, daß ich die Söhne Israel in Laubhütten habe wohnen lassen, als ich sie aus dem Land Ägypten herausführte.

Dieses Fest zur Zeit der Ernte ist Erinnerung an die Knechtschaft in Ägypten und die Zeit in der Wüste, geht aber auch auf einen landwirtschaftlichen Ritus zurück. Beide Aspekte begegnen sich in der Tatsache, daß die Juden mit dem Eintritt nach Israel das Leben als Nomaden aufgaben und seßhafte Bauern wurden. Sie feierten daher in diesem Fest die Versöhnung mit Gott und ihre Rückkehr in ein Land der Fülle, Bild des wiedergefundenen Paradieses. In der Antike war es bei den Juden Brauch, auf dem Dach ihrer Häuser Laubhütten aus den Zweigen der Olivenhaine zu bauen.
Um die höfische Liebe darzustellen, greift die mittelalterliche Kunst gern auf Zelte und Pavillons zurück. Zur Laubhütte und zum Zelt kommen die bewachsenen Bogengänge, die Rankgitter und Spaliere hinzu, die in großer Zahl in den Miniaturen zu sehen sind.

In der Novelle *Aucassin und Nicolette* baut Nicolette eine Laubhütte im Wald, um ihren Geliebten dorthin zu lenken, der nach ihr suchte. Diese Hütte symbolisiert den Wunsch der jungen Frau, ihren Geliebten wiederzufinden.

Sie nahm Lilien
und Heidekräuter
und Zweige auch,
und schuf daraus eine schöne Hütte.

Die Hütte sorgt für den schützenden Schatten, das Geheimnis. Selbst wenn es sich nicht um eine heimliche Liebe handelt, ist der Garten der Liebenden immer ein geheimer Garten. Wie das Allerheiligste im Tempel von Jerusalem, das ein Vorhang den Blicken entzog, ist der Garten der Liebe ein abgeschiedener Ort.

In der Ritterdichtung ist das Zelt auf der grünen Wiese außerdem der Schauplatz der Mahlzeiten und ländlicher Feste. Das Picknick im Schatten des Zelts ist als Fest eine Art Vorgeschmack auf die verfeinerte Lebensart, auf die sich die Hofdichter immer beziehen. Man kann sich vorstellen, daß die vornehmen Herren, die immer wieder von einem Schloß zum nächsten übersiedelten, auf ihrem Weg Zelte mitführten, die sie bei der Rast aufbauen ließen. So läßt im Roman König Arthus auf einer Lustpartie im Wald mit seinem Hofstaat seine Zelte aufschlagen, um Erec und Enide zu bewirten und ihnen ein weiches Bett anzubieten, als er sie reichlich angeschlagen von einem Kampf auf ihrem Weg trifft.

Ein Dorf oder ein Schloß war nicht nötig,
um ein Mahl herzurichten
mit allem, was man auf dem Hof oder in Wald und Feld finden konnte.
Die junge Dame stellte auf das grüne Gras
ein buntes Zelt
voller Vögel, Tiere und Blumen,
gestickt aus feinem Gold.

PEIR GUILLEM DE TOLOSA, *Lai con cobra*

Vögel, Tiere und Blumen, gestickt aus feinem Gold

Der Roman *Guillaume de Dole* beschreibt ein ländliches Fest, bei dem junge Paare auf einer Lichtung mit mehreren Zelten feiern, und es gibt noch zahlreiche Beispiele dieser Art. Als König Franz I. von Frankreich 1520 die Engländer beeindrucken wollte, stellte er seinen Reichtum in prunkvollen Zelten auf dem berühmten *Camp du Drap d'Or* zur Schau. Bunte Zelte zwischen Gräsern und Wiesenblumen kommen oft in der mittelalterlichen Kunst vor, man sieht sie auch auf den Wandteppichen der *Dame mit dem Einhorn*, und Liebespaare werden oft in Zelten dargestellt.
Dasselbe gilt für kunstvoll geschnittene Bäume. Die Baumkrone wölbt sich weit ausladend und berührt mit den äußeren Ästen den Boden. So bildet sie für die Liebenden eine Art Betthimmel oder eine Laubhütte. Dabei wird der kunstvoll geschnittene Baum zum Ersatz für einen Pavillon oder ein Zelt.
So bereitet im Roman *Cligès* Jean einen Baum vor, und Fenice *richtet darunter ein Lager für den Tag, dort geben sie sich der Freude und dem Vergnügen hin.*
Mit dem Bild des Bettes unter einem dichten Baum erscheinen wieder zwei inzwischen bekannte Begriffe: die Himmelskuppel und der schützende Schatten.
Der Halbschatten unter der Baumkrone schützt die Sphäre der Liebenden. Die Dunkelheit, die Nacht gehören so sehr zur körperlichen Vereinigung der Liebenden, daß die ersten Christen Eheschließungen um Mitternacht feierten.

Es war wirklich ein schöner und großer Garten, bepflanzt mit vielen Bäumen und verschiedenen Pflanzenarten. Es gab hier unter anderem einen so großen und dichten Lorbeer, daß man in ganz Wales keinen schöneren hätte finden können, und unter diesem Baum war ein weiter Platz, und die beiden Liebenden kamen oft hierher, wenn es Nacht war und die Leute schliefen.

BÉROUL, *Tristan und Isolde*

Wie Romeo und Julia fürchten die Liebenden der höfischen Lieder den Gesang der Lerche, weil sie den Morgen und damit die Stunde des Abschieds ankündigt.

Der Baum ist oft liebevoll beschnitten oder aufgepropft: Inmitten des Gartens stand ein aufgepfropfter Baum, voller Blüten und dicht belaubt. Seine Zweige waren so geführt, daß sie hinunterhingen und den Boden erreichten. Die Spitze dagegen hielt sich schön gerade. Fenice wünschte sich keinen anderen Ort. Unter dem Baum war eine sehr schöne und angenehme Wiese. Niemals, selbst im heißen Sommer, wenn sie am höchsten stand, konnte die Sonne einen einzigen Strahl unter den Baum schlüpfen lassen. So hatte Jean den Baum zu richten gewußt und seine Zweige geführt.

CHRÉTIEN DE TROYES, *Cligès*

Einen schön geschnittenen Baum findet man auch im *Lai de l'oiselet: Sie lag im Schatten eines schönen Baumes, dessen Äste sich weit erstreckten, kunstvoll geführt.*

Der Garten als Zeichen gesellschaftlicher Überlegenheit

Dem Bild des Baumes, der gepfropft und sorgfältig ausgerichtet ist, entsprechen in den Miniaturen die Pflanzen an schmiedeeisernen Rankgerüsten, die tadellosen Rechtecke, die regelmäßig geflochtenen Rosenhecken, die mit Rosen und Zweigen durchflochtenen Bögen, die alle von der regulierenden Hand des Menschen im höfischen Garten zeugen. Im Gegensatz zum freien Feld ist der Garten Spiegel einer gezähmten, zivilisierten Welt. Dieser Gedanke hat hier einen besonderen Beiklang, denn die Minne ist vor allem eine Lebensart oder Lebenskunst, die Mäßigung und Selbstkontrolle verlangt, ein Gleichgewicht zwischen Gefühl und Verstand. Sie ist ein verfeinertes Gefühl, vornehm, festgeschrieben, das an den Adelshöfen entsteht und eine besondere Bildung verlangt, um seine Leidenschaften beherrschen zu können. Die Ordnung des Gartens steht der rauhen Ländlichkeit des Feldes gegenüber, aber mehr noch der Wildheit des Waldes. Es ist kein Zufall, daß Tristan und Isolde einen großen Teil ihrer wilden und unwiderstehlichen Leidenschaft im Wald durchleben. Die Leibeigenen, die Isolde beauftragt hat, ihre treue Magd Brangien umzubringen, führen sie in den Wald. Im *Löwenritter* lebt Yvain, als er in Wahnsinn verfallen ist, nackt im Wald und ernährt sich von rohem Fleisch. Erec kämpft im Wald mit zwei rohen Riesen, die als Zeichen ihrer Wildheit weder Schwert noch Schild haben.

Hier erkennt man den alten Kampf zwischen Natur und Kultur, Wüste/Wald und zivilisierter Stadt, übersetzt in den Gegensatz zwischen verfeinertem Adel und rohen, ungebildeten Bauern.

Die höfische Dichtung verherrlicht nicht nur die Liebe, sondern feiert auch die privilegierte Schicht, die die Ritterschaft sein will. Zu ihr wird nur zugelassen, wer den Ehrencodex beherrscht, den die Minne diktiert. Der Besitz eines Gartens und die Fähigkeit, seine Schönheit zu schätzen, sind Zeichen der Zugehörigkeit zum Ritterstand. Eine der köstlichsten Gartenbeschreibungen der mittelalterlichen Dichtung findet sich im *Lai de l'oiselet*, einem Gedicht, das die Geschichte eines reichen Bauern erzählt, der von einem vornehmen Ritter ein großartiges Anwesen mit einem Garten »von großem Wert« erworben hatte. »Der ihn geschaffen hatte, gehörte nicht zu denen, die irgendeinen Kram betreiben, sondern er war ein vornehmer Ritter.«

In diesem Garten hatte ein wundersamer Vogel sein Nest, dessen Gesang die Kraft hatte, die Sorgen vergessen zu lassen. Er war von solcher Art, daß, wer ihn hörte, »selbst wenn er noch nie von Liebe gesprochen hätte, sofort von ihr entflammt war, und sich an Würde gleich einem Kaiser oder König fühlte.« Von der Gegenwart des Vogels hing die Existenz des Gartens ab, der sofort ausgetrocknet wäre, wenn der Vogel nicht mehr gekommen wäre. Doch der Bauer war ein »habgieriger Rohling«, der »lieber Geld als Galanterie« sehen wollte. In dem Glauben, daß er den Vogel teuer verkaufen könne, fing er ihn mit einer Schlinge. Gegen das Versprechen des Vogels, ihn drei nützliche Regeln zu lehren, ließ er ihn wieder frei. Am Ende der Geschichte verliert der Bauer, unfähig, die Lehren des Vogels wirklich zu begreifen, erst den Vogel und damit auch den wundervollen Garten. Über die Schlußmoral

hinaus: »Wer alles gewinnen will, verliert alles«, zeigt diese Geschichte das Band zwischen Liebe, Rittertum, höfischem Verhalten und dem Garten. Es war ein Ritter, der die magische Kunst beherrschte, diesen Garten zu schaffen, und nur ein Ritter hätte ihn erhalten können.

In der Symbolik des Gartens findet man die Rivalität zwischen Rittern und Geistlichen wieder

Am Anfang des *Rosenromans* erklärt Guillaume de Loris: »Es war ein Garten, der nicht von einem Hirten angelegt war.« Und unter den Makeln, die nicht in den Rosengarten eindringen dürfen, sind sowohl Armut wie Habgier. Beide verhindern nämlich den Aufwand und den Prunk, die Erkennungszeichen des Adels und Grundpfeiler des Hoflebens sind.

In die selbe Richtung gehen die Gedanken von Pierre des Gros im 14. Jahrhundert. In seinem Buch *Le Jardin des nobles* meint er, daß es in der Natur des Menschen liege, eine Beschäftigung zu haben. Da die Adeligen zu fein gebildet sind, um schwere, rohe und knechtische Feldarbeit zu leisten, ist ihnen zur Gartenarbeit zu raten. Die Gedanken der Kirchenväter über die Arbeit von Adam und Eva im Paradies erscheinen hier in abgewandelter Form. Doch die Arbeit hat hier ein anderes Ziel. Es geht nicht mehr darum, Arbeit für den Lebensunterhalt zu predigen oder als Werk der Demut, der Sühne und der Barmherzigkeit, sondern eine angenehme Betätigung anzupreisen, ein wenig Zerstreuung, angemessen der Würde und der speziellen Beschaffenheit der Aristokraten.

Die Beschreibungen zeigen immer üppig grünende Gärten voller Blumen, Kräuter und Früchte, ein Reichtum, der zu der verschwenderischen Fülle und verfeinerter Kultur paßt, die von den Gästen des Gartens erwartet wird, aber auch zu ihrer Schönheit. Die Beschreibung des Gartens bei Pierre des Gros bekräftigt, daß er sich die Motive und Deutungen des Kreuzgangs angeeignet und verweltlicht hat. Der Autor gibt zum Beispiel die Deutungen auf, die die Mönche dem Quadrat gegeben haben, um es zum Zeichen für die Natur, das Alte und Neue Testament oder das Kirchenrecht zu machen. Und wenn er Bilder aus dem Hohelied wieder aufgreift, so ist die Braut dabei nicht die Kirche, sondern die Adelsschicht.

In der Symbolik des Gartens findet man also die Rivalität zwischen Rittern, Adeligen und Geistlichen wieder, sowie die Tendenz des Adels, der seine Macht ausweitet, sich die Attribute der Kirche anzueignen: Auch auf diese Weise wird der Garten zum einem Symbol der Macht.

Die Gärten im Epos: Von der göttlichen zur königlichen Macht

Die Liliengärten und das königliche Zelt

Im 15. Jahrhundert findet man die Darstellung des französischen Königreichs als Liliengarten in deutlicher Form in der bildenden Kunst. In der Chronik des Wilhelm von Nangis (etwa 1475–1480) findet man eine Miniatur mit acht Königen in einen geschlossenen Garten um das Zelt von Lilien. Der kleine, sechseckige Garten ist von einem niedrigen Mäuerchen umgeben, das die Rückenlehne einer Bank bildet, auf der die Könige sitzen. Sie tragen blaue, mit Lilien bestickte Gewänder. Den Boden bedecken rechteckige Beete mit Blumenrasen darin. Hinter einem von Engeln gehaltenen blauen Wappen erhebt sich ein mit drei Lilien bemaltes Zelt, das wiederum einen Lilienzweig enthält.

Vor dem Zelt erscheint hoch zu Roß Karl VII.

In Übereinstimmung mit der Symbolik des Gartens als Königreich zeigt dieses Bild ein Motiv, das schon beim Liebesgarten begegnet: das Zelt, Symbol des Festes und des Schutzes. Ein Zelt erscheint auch in einer Illustration der *Louanges de la France*. Vor dem Zelt erscheint hoch zu Roß Karl VII. in einer Rüstung. Auf beiden Seiten sieht man eine Lilie durch einen Ring gezogen. Die Symbolik weist auf die religiöse Rechtfertigung der Herrschaft: Die Lilie als Symbol Mariens wird auch zum Symbol der Kirche. Die Ringe sind Zeichen der Bischofswürde und der geistlichen Macht. Wie der Ring ist auch das Zelt ein Ehesymbol. Beide zusammen symbolisieren die Verbindung Gottes mit seiner Kirche. Hier werden sie zum Zeichen für die Verbindung des Königs mit seinem Volk.

In diesem Netz von Bezügen und Symbolen verweist das Zelt auch auf die Himmelskuppel: Im Psalm 104 heißt es: *Du hast deinen Himmel aufgespannt wie ein Zelt.* Als Bild des provisorischen Tempels während des Exodus, als großes Tuch, das über die diesseitige Welt gespannt ist, ist das Zelt der Mantel, der den königlichen Garten beschützt wie der Himmel die Erde.

Der große königliche Mantel in tiefem Blau erinnert an den blauen Mantel der Schutzmantelmadonnen, die die Christenheit unter ihren schützenden Mantel nehmen. Auf ähnliche Weise, suggerieren die Bilder, nimmt der König das Land unter seinen Schutz: Unter dem blauen Himmelszelt bearbeiten und formen es die Untertanen im Schweiße ihres Angesichts und machen es zum fruchtbaren Garten, dem Liliengarten.

Die Könige beanspruchen religiöse Attribute für sich, um ihre Macht zu festigen und auszubauen, die die Juristen in der Folge als göttliches Recht definiert haben.

Der Garten des Rats und die königliche Stadt

Vor einer umzingelten Stadt vertreiben sich die Belagerer die Zeit

Das königliche Zelt inmitten des königlichen Gartens erinnert auch an das Zelt des Moses während der Wanderung durch die Wüste; der König führt sein Volk wie Moses die Juden während des Exodus. In dieser Hinsicht steht das Zelt im Gegensatz zu Jerusalem, der Stadt aus Stein, und die vergängliche Stadt im Gegensatz zur Gottesstadt. Für die Menschen des Mittelalters, die in der Erwartung des Jüngsten Gerichts lebten, ist das Zelt zum Symbol für die diesseitige, vergängliche Welt geworden, die vergehen wird und keine Dauer hat. So stehen sich der irdische Garten und das Paradies gegenüber, die irdische und die himmlische Stadt, das irdische und das himmlische Königreich.

Als Vermittler zwischen Himmel und Erde ist der König der Herr der irdischen Stadt. Doch sind im Mittelalter die Darstellung der Stadt und des Gartens eng miteinander verbunden und haben gemeinsam teil an der Symbolik der Königsmacht.

In den epischen Erzählungen sind die Gärten am Fuße der Stadtmauern recht häufig Schauplatz von Zeltlagern. Dort werden zumeist, im Schatten eines Baumes, oft einer Pinie, die Beratungen vor oder nach einer Schlacht abgehalten. So ist es im *Rolandslied*, wo Karl der Große, als er Cordoba erreicht, auf einem goldenen Thron Rat hält:

Der König sitzt in einem großen Garten
mit ihm sind Roland und Oliver (...)
Sie sitzen auf weißen Teppichen,
und spielen, um sich zu unterhalten, an Tischen;
die weisesten und ältesten spielen Schach,
und die jüngeren fechten zum Spaß.
Unter einer Pinie und einer Heckenrose
steht ein Sessel aus purem Gold.
Hier sitzt der König, der das weite Frankenreich hält.

Parallel dazu ist die Szene aufgebaut, in der der Sarazenenkönig Marsilias, Karls Gegner, Rat hält, ebenfalls in einem Garten:

Der König Marsilias war in Saragossa
in den Schatten eines Gartens gegangen

sich auf einen Felsen aus goldgelbem Marmor niederzulassen;
um ihn herum mehr als zwanzigtausend Männer;
von ihnen sprach er die Herzoge und Grafen an.

Diesen Texten entsprechen in der mittelalterlichen Kunst die anmutigen Miniaturen, in denen sich auf einem Hügel über dem falchen Land die Stadt als hohe Silhouette erhebt. Sie ist dann ein Symbol des Aufstiegs und kann sich auch wie der Turm zu Babel in ein Symbol der Herausforderung verwandeln. Doch die eleganten und zierlichen Rathaustürme, die Türme und Türmchen, die hohen Mauern mit ihren Zinnen bilden so viele feste, vertikale Elemente, daß der Künstler sie vielleicht genauso in die Landschaft gesetzt hat, wie die Kirche neben dem Klostergarten steht.

Am Fuß der Mauern erstreckt sich eine Landschaft, die alle Attribute eines biblischen Mikrokosmos hat: Felder, weiter hinten Wälder, ein Fluß, am Horizont Berge und darüber der Himmel. Die Landschaften in der Kunst Mittelalters grenzen meist an Zitadellen oder Städte und enthalten oft Knechte und Gemeine, die sie bearbeiten und formen: eine Kontinuität, die belegt, wie natürlich und eng die Stadt und das Land, der König und sein Reich aufeinander angewiesen sind. Diese Bauern bei der Arbeit in ihren Kulturen, die keine andere Aufgabe haben als Dienst und Nahrungsmittelversorgung, gehören zum Land, wie sie ihrem Herrn gehören. Tatsächlich gehört zu dem Kopf – der Stadt – ein Körper, den das Land bildet, das sie sie umgibt und erhält.

Wenn es auch dem christlichen Gedankengut widerspricht, so lebt doch unausgesprochen der alte Mythos fort, der Königtum und Göttlichkeit miteinander vermischt und dazu führt, daß Fruchtbarkeit und Reichtum im Volksglauben von der Person des Königs abhängen.

Bis heute ist die Stadt Cordoba von ihrer maurischen Vergangenheit geprägt

Die Bauern gehören zum Land, wie sie ihrem Herrn gehören

Schon Hesiod drückt klar den Gedanken aus, daß die Fruchtbarkeit eines Staates, sein Wohlstand, von der gerechten Regierung des Königs abhängt.

Aber die, die für den Fremdling wie für den Bürger, gerechte Urteile sprechen und sich nie von der Gerechtigkeit entfernen, sehen ihre Stadt sich ausbreiten und in den Mauern das Volk aufblühen. (Werke und Tage)

Das Fresko, das Abrogio Lorenzetti 1340 in Sienna gemalt hat, trägt den Titel: *Die Wirkungen der guten Regierung in der Stadt und auf dem Land.* Es zeigt eine Stadt und um sie herum eine fruchtbare und vollständig kultivierte Landschaft, deren Bauern die Erträge in die Stadt bringen, der eine ein Schwein, der andere Esel mit Getreidesäcken oder Körben. Diese wohlhabende Landschaft zeigt das fast magische Band zwischen guter Herrschaft und Fruchtbarkeit des Bodens. Die Landschaft ist hier so sehr von Menschen gestaltet, daß sie ganz einem Garten gleicht. Der Garten ist nämlich vor allem eine städtische Erscheinung.

Auch hier findet man also, in veränderter Form, das Paar Stadt – Garten wieder, das schon beim Garten des Paradieses und dem himmlischen Jerusalem aufgetreten war. Als Herrscher der Stadt und Vermittler zwischen Gott und dem Reich ist der König Vertreter Gottes auf Erden und nimmt in der Bilderwelt einen Platz ein, der dem Gottes in den religiösen Darstellungen entspricht.

Die Wirkungen der guten Regierung in der Stadt

Die Bäume des Gartens und das Himmelszelt

In der Heldenepik bilden die Baumkronen, unter denen Kriegsrat gehalten wird, einen natürlichen Baldachin, der dem Geschehen eine majestätische Feierlichkeit verleiht. Selbst flüchtig und bruchstückhaft bringen sie dem mittelalterlichen Hörer unfehlbar nicht nur die Idee eines Herrschers als Mittler zwischen Himmel und Erde, sondern auch die eines schützenden Monarchen in Erinnerung. Wie der Schatten der Bäume im Minnegarten ist auch der im königlichen Baumgarten wohltätig und schützend.

Im Gegensatz zum Schatten der tiefen und wilden Wälder hat der Halbschatten, der unter den Bäumen des Gartens herrscht, nichts Ängstigendes. Wie auf dem Friedhof der Mönche sind die Obstbäume Bäume des Lebens, und ihr Schatten steht für den Glauben an Gott. Eine antike Legende erzählt, Abraham habe, um zu sehen, ob die Bewohner des Landes, in das er kam, Götzenbilder anbeteten, Bäume gepflanzt. Keiner von ihnen wuchs in befriedigendem Maße, außer der, den er im Land Kanaan gepflanzt hatte. Dieser Baum streckte seine Äste über die Gläubigen aus, beschützte sie in einem Schatten, den er den Ungläubigen verwehrte, indem er seine Äste nach oben richtete. Unter den Bäumen des Obstgartens sitzt der König im Schatten der Völker.

Manchmal steht der Baum für den Herrscher selbst. Zum Tod von Karl dem Kühnen schreibt der Hofchronist Jean Molinet eine Allegorie, in der der letzte Herzog von Burgund als riesiger Baum personnifiziert wird, geschmückt mit kostbaren Tugenden, gepflanzt in der Mitte des großartigen Weinbergs von Burgund. Seine väterlichen Wurzeln reichen in den königlichen Liliengarten.

Unter dem Staufer-
kaiser Heinrich IV.,
so ein Chronist, soll
ein goldenes Zeitalter
beginnen: Bäume
gedeihen, alle Tiere
trinken friedlich aus
einer Quelle

Die Bäume des Gartens können auch die Glieder der Christenheit bzw. das Volk Gottes symbolisieren, in der Heldenepik manchmal aber auch das Volk, über das der König herrscht.
Wie im Obstgarten/Friedhof des Klosters, bleibt der Baum mit dem Tod verbunden. Doch da für die Christen der Tod der Beginn des wahren Lebens ist, wird er wiederum zum Lebensbaum. Der tödlich verwundete Roland legt sich unter einen Baum, aber nicht unter irgendeinen Baum, sondern unter eine Pinie. Die Pinie ist der in der Ritterliteratur am häufigsten genannte Baum. Neben ihr kommt in der Ritterdichtung immer wieder dieselbe beschränkte Auswahl an Bäumen vor: Pinie, Lorbeer, Olivenbaum, manchmal auch Zypressen akzentuieren die Schauplätze. Sie alle sind heilige Bäume des Altertums.
Vergil erinnert in den *Bucolica* daran, daß über das Leid des Gallus *die Lorbeerbäume selbst, auch die Tamarisken, ihn beweinten, während er am Fuß eines einsamen Felsen lag; der Mänalus selbst mit seinen Pinien weinte, wie auch die Felsen des kalten Lycäus.*
Schon in der Antike gab es den Brauch, Tod und Auferstehung des Gottes Attis mit einer Prozession zum Frühlingsbeginn zu feiern, bei der eine Pinie umhergetragen wurde, denn unter diesem Baum war der junge Gott gestorben, nachdem er sich selbst entmannt hatte. Der Baum war mit Veilchen geschmückt. In dieser Symbolik zeigt sich die Bedeutung der Pinie als Baum der Hoffnung und der Ewigkeit.
Ovid erzählt im 10. Buch seiner *Metamorphosen* die Geschichte des Attis und besingt *die Pinie, unten die Zweige gestutzt und mit struppigem Wipfel, der Götter-Mutter willkommen; denn Attis, der Cybele Held, hat um diesen Baum sich des Menschen entäußert, in solch einen Stamm sich verhärtet.*
Die Bäume, die in der christlichen Tradition Symbole des Lebens sind, behalten fast alle im Winter ihre Blätter, wie das Immergrün, die Pinie bzw. Fichte oder die Tanne. Dies fiel schon bei der Beschreibung der Klostergärten auf. Es trifft besonders auf die Zypresse zu, die nicht nur immergrün ist, sondern deren Holz auch noch als unverrotbar gilt und daher einen Bezug zum ewigen Leben herstellt. Daher wachsen bis zum heutigen Tag Immergrün und Zypressen auf den Friedhöfen.
In Ovids Metamorphosen findet sich auch die Sage von Cupressus, dem jungen Mann, der aus Versehen seinen geliebten zahmen Hirsch tötete. Vor Trauer wünschte er sich, selbst zu sterben, und verwandelte sich in den Zypressenbaum:

Doch seufzet der Knab' und erfleht von den Göttern dies als letztes Geschenk, daß stets ihm wäre die Trauer. Jetzt, da Tränen und Blut in unendlichem Schmerz er geweinet, wandelten sich allmählich in grünliche Farbe die Glieder; und die der schneeigen Stirne noch jüngst entrollenden Locken wurden ein struppiges Haar, das stachelicht nun und erstarrend vom hochschwankenden Wipfel zu himmlischen Sternen emporsah.

Geboren aus der Verwandlung von Daphne, der der verliebte Sonnengott Phoibos Apollon nachstellte, ist der Lorbeer der Baum der Sonne. Er war den Griechen und den Römern heilig, die mit ihm die Sieger bei den Spielen zu Ehren des Apollon bekränzten, auch Götterstatuen und die römischen Kaiser trugen ihn. Er ist ein königlicher Baum. Dies ist sicherlich der Grund, warum Karl der Große im *Rolandslied* unter einem Lorbeerbaum thront, obwohl dieser bei den Christen nicht unbedingt in gutem Ruf steht, weil er auch für eitlen Ruhm und Götzendienst stehen kann.

Auch der Olivenbaum wird manchmal in der Heldenepik genannt. Seit die Taube, die Noah aus der Arche aussandte, einen Ölzweig zurückbrachte, gilt dieser als Symbol des Friedens.

Die Taube bringt Noah den Ölzweig

In dieser Bedeutung ist er auch der Baum Mariens, die bei ihrem Sohn Fürbitte einlegt. Deshalb empfängt im *Rolandslied* der König Marsilias den Botschafter Karls des Großen unter einem Ölbaum. Da er jedoch auch mit dem Leiden Christi im Ölgarten von Getsemane in Verbindung gebracht wird, kann diese Baum auch zwiespältige Assoziationen hervorrufen. So legt sich Marsilias im *Rolandslied* zum Sterben unter einen Olivenbaum, als Roland ihm die Hand abgeschnitten hatte. Der Kontrast zwischen dem Symbol des Friedens und diesem Bild des besiegten Kriegers ist so stark, daß man an einem allegorischen Sinn des Olivenbaums zweifeln könnte. Doch im *Chanson d'Antioche* findet sich ein ähnliches Bild, wenn die türkischen Truppen des Emirs sich nach einem Angriff der Christen in einen Olivenhain zurückziehen, um ihre Wunden zu verbinden und zu klagen. Man kann sich daher fragen, ob die Olivenbäume, unter denen die Krieger im Todeskampf liegen, nicht an den Garten Getsemane erinnern sollen, wo Christus seinen letzten Kampf durchlitt.

Die widersprüchlichen Deutungsmöglichkeiten der Motive in den mittelalterlichen Gedichten zeigen, daß es bei ihrer Deutung sehr auf den Zusammehang ankommt. Die mittelalterliche Rhetorik hatte jedem Baum eine genaue symbolische Verwendung zugewiesen: Pinie, Lorbeer und Zeder gehörten zum gehobenen Stil *(gravis stilus)*. Sie passen zu Kriegshelden wie Hektor oder Ajax, zu Pferden, Schwertern, zur Stadt, zum Feld oder zum Schloß, also am besten zu Dichtung derselben Gattung wie Vergils *Äneis*.

Der einfache Stil *(stilus humilis)* handelt von Hirten wie Melibäus, zu ihm gehören Schafe und die Buche, und sein Schauplatz sind die Weiden. Es ist der Stil von Vergils Hirtengedichten, der Bucolica. Der Apfelbaum wiederum gehört zum mittleren Stil *(mediocris stilus)*, dem der *Georgica* Vergils, seine Begleiter sind der Landmann, die Rinder, der Pflug und die Felder.

Diese Einteilung ist den Menschen so vertraut, daß Bernhard von Clairvaux in einer Predigt über das Hohelied der Liebe Verwunderung andeutet, daß die Braut ihren Bräutigam mit einem Apfelbaum vergleicht: »Doch eins erregt mir hier Anstoß: Dieser Baum ist weniger kostbar als einige andere und scheint mir daher weniger würdig, als Vergleich herangezogen zu werden, da er kaum dazu bestimmt ist, zum Lob zu dienen.« Der Abt von Clairvaux kennt die Regeln der Rhetorik genau, und er hätte sicher grundsätzlich die Pinie oder den Lorbeerbaum für der Majestät des Bräutigams angemessener gehalten, denn sie sind königliche oder zumindest vornehme Bäume.

Antike oder biblische Einflüsse haben sicher auch die mittelalterlichen Dichter bei der Wahl ihrer Motive beeinflußt, und die Regeln der Rhetorik brachten sie manchmal dazu, die Wahrscheinlichkeit außer acht zu lassen. Ein Dichter aus Lüttich begrüßt den nahenden Frühling, indem er bemerkt, daß Ölbäume, Weinreben, Palmen und Zedern Knospen tragen. Der gelehrte Augustinermönch Alexander Neckam nennt um 1200 unter den Pflanzen, die in einem Garten in England gepflanzt werden sollten, Zitronenbäume und Dattelpalmen, die dort sicherlich niemals wachsen konnten.

Bezugspunkt dieser Dichter ist die Bibel: »Wie eine Zeder auf den Libanon wuchs ich empor und wie ein wilder Ölbaum auf dem Zion. Ich wuchs empor wie eine Palme in En-Gedi und wie ein Oleanderstrauch in Jericho«, sagt der Jesus Sirach (24, 17), »der Gerechte blüht wie eine Palme, er gedeiht wie eine Zeder auf dem Libanon«, singt der Psalmist.

Das römische Heldengedicht »Äneis« handelt von der Gründung der Stadt Rom, doch im Mittelalter stellte man sich den Helden Äneas wie einen Ritter vor

Der Bezug auf diese Bäume sollte den mittelalterlichen Leser oder Hörer an die Bibel erinnern, glänzende Erinnerungen an Exotisches und zugleich Vertrautes wecken. Da religiöse und weltliche Erzähler aus demselben Bildvorrat schöpften, findet man in der weltlichen Dichtung dieselben Motive wie in der religiösen.

Daher lebt im *Rosenroman* die schöne Oiseuse in einem quadratischen Garten, einem großen Bereich, den Mauern mit hohen Zinnen umschließen. Eine riesige Pinie gibt einem Buschwerk Schatten, das von einer schönen Quelle erfrischt wird. Weitere klare Quellen fließen unter ihrer Krone, reines, kristallklares Wasser, das rieselnd in kleine Kanäle überfließt. Dieser Ort der Wonnen ist mit einem Überfluß an exotischen Pflanzen und Blumen bepflanzt, die die kostbarsten Gewürze hervorbringen: »Gewürznelken, Paradieskörner (Guineapfeffer), Zitwerwurzel, Süßholz, Anis, Zimt.« Es finden sich Dattelpalmen und Granatapfelbäume, Zypressen, Ölbäume,

Der Gerechte blüht wie eine Palme, singt der Psalmist

seltsamerweise vermischt mit Eichen, Haselsträuchern, Hainbuchen und andern Bäumen aus nördlichen Wäldern. Die Beschreibung ähnelt der im Hohelied. Das Exotische mancher Pflanzen und ihre Mischung mit nördlichen Pflanzenarten zeigt, daß es hier um einen dichterischen Garten geht, geschmückt mit aller Pracht, die die Rhetorik empfiehlt.

So schließt sich der Kreis, der in der mittelalterlichen Kunst das Paradies der Schöpfung mit der Stadt am Ende der Zeiten verbindet, den König mit seiner Hauptstadt, das Königreich mit einem großen, fruchtbaren Garten. Denn wenn das Mittelalter von Gärten spricht, variiert es immer wieder dieselbe begrenzte Zahl von Archetypen: das Quadrat und den Mikrokosmos, die Mauer und den Turm, den Baum und seinen Schatten, das Zelt und die Baumkrone, das Wasser und die Jugend, die Stadt und den Wald; natürlich möchte man nun auch wissen, ob die wirklichen Gärten diesem Bild entsprachen, das Kunst und Dichtung geben.

Die herrschaftlichen Gärten und der Garten der Liebe

Der andere Pol der mittelalterlichen Welt: das Schloß

Gärten spielen eine so herausgehobene Rolle in der höfischen Literatur, daß man sich fragt, wie sie in Wirklichkeit in den mittelalterlichen Anwesen aussahen.
Bei den praktisch orientierten Römern hatten Gärten und Gartenbau eine große Bedeutung. Während der späten Kaiserzeit gab es in den nördlichen Reichsteilen zahlreiche Landgüter *(villae)*, von denen sich einige in der Architektur wie in der Organisation der Landwirtschaft an ihren italischen Vorbildern orientierten. Plinius beschreibt sein Eßzimmer unter freiem Himmel, unweit des Meeres, um »das Murmeln der brechenden Wellen« zu hören, oder den kunstreichen Brunnen, auf dem bei Festen im Garten Gerichte in Form von Vögeln oder Schiffen schwammen.

Gegen Ende des Mittelalters wird der Boden oft in Beete aufgeteilt

Der Glanz der Gärten von Kaiser Hadrians Landhaus in Tivoli zeugt ebenfalls von der Verfeinerung und der Pracht der Gartenkunst im Kaiserreich. Dieser Geschmack hatte auch die nördlichen Provinzen erreicht. In Lutetia, dem späteren Paris, hatte Kaiser Julian (353–360) einen bezaubernden Garten anlegen lassen. Er berichtet, daß auf der Seine-Insel, im Schutz von Mauern, Wein gedieh und sogar Feigenbäume, wenn man sie mit Stroh gegen die Kälte schützte.

Doch Gärten sind zerbrechliche Schöpfungen, und schon wenige Jahre genügen, um jahrelange Arbeit zunichte zu machen. Die Völkerwanderung hat sicherlich viele Gärten zerstört. Sie zwang die Besitzer entweder dazu, ihre gefährdeten Landgüter zu verlassen, oder sie mit Mauern und Türmen zu sichern. Dies waren schon die Vorboten der ersten Burgen. Unter den Karolingern sehen die Landgüter anders aus. Selbst wenn sie seit römischer Zeit bestanden, hatte man meist die römischen Gebäude aufgegeben, um Wohn- und Wirtschaftsräume eng zusammenzulegen und durch eine Mauer zu schützen.

Im 10. Jahrhundert vermehren sich Burgen und Schlösser. Ihre Besitzer dokumentieren ihre herrschaftliche Gewalt über die Umgegend und schützen sich gegen Angriffe von bewaffneten Banden oder benachbarten Herrschern. Die verbreiteten Privatfehden führen dazu, daß Schlösser auf echten oder künstlichen Anhöhen angelegt werden. Von dort aus beherrschen sie die Umgegend. In der Mitte des Hofes steht als letzte Zuflucht ein Turm, der Bergfried, an die Mauer schmiegt sich das Wohnhaus, der Palas.

Während die Teile der Burg aus Holz und vor allem Stein gut bekannt sind, weil sie Spuren hinterlassen haben, weiß man fast nichts über die Gärten. Umso mehr, als zwischen dem *Capitulare de villis* (um 817) und den *Ruralia commoda*, die Petrus de Crescentiis im 13. Jahrhundert in Padua schrieb, die wenigen praktischen Texte über Gärten von Klerikern stammen. So daß es mangels genauer technischer Beschreibungen kaum möglich ist zu prüfen, ob die weltlichen Gärten des Mittelalters den dichterischen Beschreibungen und den Darstellungen in der Kunst glichen.

Doch die Bedeutung der Gärten im Bewußtsein der Menschen scheint so stark gewesen zu sein, daß man sich kaum vorstellen kann, daß dem überhaupt keine entsprechende Wirklichkeit zugrunde gelegen hätte. Umso mehr als die Bilder, von einigen Übertreibungen abgesehen, zu sehr übereinstimmen, um völlig ohne reale Grundlage zu sein.

Selbst wenn die Urkunden und Rechnungsbücher nichts über die religiöse Pflicht schreiben, an zahlreichen Tagen im Jahreslauf zu fasten, erlaubt die Existenz zahlreicher Dienstboten, die zweifellos Bohnen und Suppe zu essen bekamen, die Vermutung, daß die Burgen einen Nutzgarten besaßen. Und wenn dieser keine Spuren in den Rechnungsbücher hinterlassen hat, so liegt das vielleicht daran, daß das alljährliche Säen und Ernten von Lauch, Kohl, Mangold, von Petersilie oder Flaschenkürbis nichts kostet. Knechte loszuschicken, um im Wald einige Veilchen, Schlüsselblumen, Heckenrosen oder wilde Nelken zu suchen, verursacht ebenfalls keine Kosten. Wir können außerdem annehmen, daß es manchmal Austausch in der Nachbarschaft gab und daß die Klöster, zu denen die adeligen Stifter viele Verbindungen hatten, die Burg mit Samen, Steckreisern und Pfropfreisern ihrer besten Pflanzen versorgten.

Immer wieder entstand in ruhigeren Epochen die Wertschätung des Gartens neu. Der ostgotische Kaiser Theoderich pflegte in Ravenna selbst einen kleinen Garten, der vom königlichen Park abgeteilt war.

Im 6. Jahrhundert lobt der Dichter Fortunatus die merowingische Königin Radegonde, weil sie an Festtagen »mit eigenen Händen Kränze für die Altäre« flocht, und sie »mit Girlanden aus frisch erblühten Blume schmückte und dabei geschickt Safran mit goldenen Blüte vereinte mit purpurnen Veilchen.« In einen Gedicht mit dem Titel *De horto Ultrogothonis* beschreibt derselbe Fortunatus eine Umfriedung, bepflanzt mit Rosen und »bunt von allen Sorten von Blumen«. Man wandelte hier umher und betrachtete »im Schatten von Laubengängen, Rankgitter beladen mit Wildem Wein, und die Apfelbäume waren von der Hand König Childeberts selbst gepfropft worden«.

Auch wenn sich nicht selbst der Gartenarbeit widmete, gab Karl der Große doch das berühmte *Capitulare de villis vel curtis imperii* heraus, das im 70. Kapitel die Pflanzen aufzählt, die der Herrscher in seinen Gütern angebaut haben wollte. Diese Schrift, die vielleicht von Alkuin angeregt wurde, wird so oft im Zusammenhang mit Klostergärten zitiert, daß man vergißt, daß sie zur Verbesserung der Wirtschaft auf den königlichen Gütern dienen sollte.

Obwohl sie wahrscheinlich stark von den römischen Agrarschriftstellern wie Varro und Columella beeinflußt ist, scheint diese Liste weniger vorzuschreiben als festzustellen. Im Vergleich mit den Schriften von Bartholomäus Anglicus oder den Aufzählungen, die die höfische Literatur schmücken, trifft man hier auf einen erstaunlichen Wirklichkeitssinn: Die Pflanzen im *Capitulare de villis* sind alle einheimisch und in Nordeuropa weit verbreitet. Es handelt sich nicht um eine idealisierte Liste, sondern um eine durchaus mögliche. Auch wenn das Gewicht der traditionellen Autoritäten auf ihm lastete, zögerte der Autor des *Capitulare* doch nicht, unter den Dokumenten, die ihm vorlagen, auszuwählen und nur die Pflanzen aufzunehmen, die er kannte und deren Anbau ihm möglich erschien. Nicht alle von ihnen sind eßbar. Von den anderen sind einige wie Leinen und Hanf für die Herstellung von Stoffen bestimmt; Krapp und Färberwaid benutzte man zum Färben von Stoffen, die zackigen Blüten der Kardendistel dienten dazu, Wolle zu kämmen. Wahrscheinlich wurden diese Pflanzen auf freiem Feld angebaut. Bemerkenswert ist auch, daß in der Liste des *Capitulare* weder der Wein noch Getreide wie Weizen und Gerste vorkommen, die zweifellos so verbreitet und unentbehrlich waren, daß man ihren Anbau nicht mehr empfehlen mußte.

Die Kreuzzüge und die Erneuerung der Gartenkunst

Seit dem 12. Jahrhundert bezeugt die höfische Literatur ein Leben an den Fürstenhöfen, dessen Benimmregeln kompliziert und anspruchsvoll waren. Dazu kommt eine deutliche Vorliebe für demonstrativen Luxus und große Ausgaben. Mit der Lust am Feiern und am Vergnügen gewinnen die Gärten in der Adelsgesellschaft

Im Orient gab es wunderbare Gärten

stark an Interesse. Seit dem 13. Jahrhundert erneuert sich die Gartenkunst. Selbst wenn die Erneuerung sich auf bestehende Gewohnheiten und Praktiken stützt, haben die Kreuzzüge dabei doch einen wesentlichen Anteil.

Die Araber hatten die Werke der antiken griechischen Philosophen bewahrt, deren Werke sich im 12. Jahrhundert in Europa verbreiteten und eine große Rolle in der geistigen Erneuerungsbewegung, die zu dieser Zeit begann, spielten. Auch die arabische Medizin hat die Heilkunst des Abendlandes stark beeinflußt: Mit arabischen Medizinbüchern kamen auch Abhandlungen zur Botanik und Gartenkunst nach Europa. Währen das Abendland unruhige Zeiten durchlebte, hatten die Moslems eine fortgeschrittene und detaillgenaue Gartenkunst entwickelt.

Sie hatten sogar in Europa Gärten geschaffen, in Südspanien. Weiter entfernt, im Nahen Osten und Ägypten, gab es ebenfalls wunderbare Gärten. Diejenigen um Alexandria oder Damaskus erschienen den Kreuzfahrern strahlend schön. In der Region des Mittleren Ostens, Brücke nach Asien, bauten die Araber viele Pflanzenarten an, die den Europäern unbekannt waren. Die kunstvollen Gartenbautechniken der Araber werden sich in Europa zugleich mit den medizinischen Abhandlungen verbreitet haben. Im Mittelalter sorgte schon die ständige Nachfrage nach Gewürzen für ein natürliches Interesse an den Gärten des Ostens, von wo die teuersten Aromastoffe kamen. Für sein Buch über die *ruralia commoda*, die »ländlichen Erzeugnisse«, das wichtigste Gartenbaubuch des Mittelalters, stützte sich Petrus de Crescentiis auf die Antike, aber zweifellos auch auf das Wissen der Araber, die damals Sizilien beherrschten.

Die Kreufahrer, die Pilger, die Händler, die nach Andalusien, Sizilien oder in den Orient reisten, entdeckten dort nicht nur unbekannte Früchte wie die Banane oder die Dattel, sondern auch genau ausgearbeitete Techniken für den Gartenbau. Kreuzzüge, Pilgerfahrten und die Wiederaufnahme des Handels mit dem Orient haben die Gartenkultur des Westens bereichert. Wenn sie über Ägypten nach Jerusalem reisen, sehen die Pilger die fruchtbaren Uferflächen des Nil. Die Erde, durch die jährliche Überschwemmung gedüngt, »bringt Kirschen, Birnen, Gurken, Flaschenkürbisse in großer Menge hervor, Johannisbrotbäume, Bohnen, Erbsen, Kichererbsen und alle Sorten von Gemüse, wie Portulak, Spargel, Kopfsalat, Koriander, Wegwarte, Kohl, Porree, Kardendisteln; kurz, das Land fließt über von allen möglichen Gütern. Die Gemüse- und Obstgärten werden aus Becken bewässert, die ihr Wasser aus dem Nil beziehen.«
Die Pilger entdecken hier auch den Reis, die Baumwolle, das Zuckerrohr – 714 in Andalusien eingeführt –, bevor diese Pflanzen Sizilien erreichen. Die Araber bemühten sich auch, Pflanzen aus bergigen Gegenden in der Ebene heimisch zu machen. In Andalusien wurde Mühe und Sorgfalt darauf verwandt, Erdbeerbaum, Mastix, Buchsbaum, Therebinthe und Myrte in den Gärten der Ebene einzuführen.

Wenn der Baum im Gebirge ausgegraben wurde oder an einem anderen Ort, wo er von selbst gewachsen war, und in einen Garten gebracht wurde, verteilt man um seinen Fuß Erde von dem Ort, wo er hervorgesprossen war und wo man ihn ausgegraben hatte; dann wird er wieder lebendig.

Im *Rosenroman* schreibt Jean de Meung, der Besitzer des Gartens habe Bäume aus Alexandrien kommen lassen. Aus dem Orient brachten die Kreuzfahrer Zitronenbäume mit, die in Sizilien angepflanzt wurden. Um 1260 sind sie in Palermo bezeugt, wo sie gerade erst eingeführt worden waren. Die Orangenbäume folgten derselben Route. Man sieht sie auf der *Verkündigung* von Fra Angelico vom Beginn des 15. Jahrhunderts. Links im Bild hat der Maler die Vertreibung aus dem Paradies dargestellt. In diesem Garten Eden sieht man auch eine Pflanze, die sehr an einen Bananenbaum erinnert.
Tatsächlich hatten Pilger in Ägypten Bananen gegessen. Sie glaubten, daß es sich um Früchte vom Baum des Paradieses handele, denn wenn sie die Frucht durchschnitten, sahen sie ein Kreuz in der Mitte des Querschnitts. Daher findet man einen solchen stilisierten Bananenbaum auf mehreren Bildern des Malers. In dem Bild *Frühling* von Boticelli sind ebenfalls sorgfältig gemalte Orangenbäume zu erkennen, mit einem »Realismus«, der die Kunst des 15. Jahrhunderts auszeichnet und ein neues Interesse an der Natur und der konkreten Wirklichkeit im allgemeinen ausdrückt.
Im Mittleren Osten fanden die Kreuzfahrer außerdem eine schwarze Pflaumenart. Aus dem Namen »Damaszener pflaume« entwickelte sich das Wort »Zwetschge«.
Den Arabern verdanken wir auch den Spinat. Er wurde von ihnen in Spanien eingeführt – in Sevilla wurde er im 11. Jahrhundert angebaut – und er erreichte Frankreich im 12., Deutschland erst im 14. Jahrhundert. Er hat schließlich die Garten-

melde verdrängt. Der Blumenkohl, der in Andalusien im 12. Jahrhundert angebaut wurde, und der Estragon haben Nordeuropa ebenfalls über den Handel mit Spanien und den Orient erreicht. Die Kreuzfahrer haben sicher auch verbesserte Züchtungen von Gurken und Melonen mitgebracht. Was die Blumen betrifft, wuchsen Rosen in Ägypten, und man sagt, daß König Ludwig der Heilige die erste Nelkenart mit gefüllten Blüten aus Tunis mitgebracht habe und daß Thibault de Champagne von den Kreuzzügen eine duftende Sorte von Essigrosen mit gefüllten Blüten mitbrachte. Sie wurde danach in seiner Heimatstadt Provins intensiv angebaut und erhielt den Namen Provinsrose *(rosa gallica officinalis)*. Da diese Rose auch im getrockneten Zustand ihre Farbe und ihren Duft behält, nähte man ihre Blütenblätter in Duftkissen ein, die man zwischen die Wäsche legte.
Viele andere Blumen, wie die Stockrose, der Jasmin, die Damaszenerrose, stammen aus arabischen Gärten. Aber das genaue Datum ihrer Einführung bleibt eine Anekdote, denn früher oder später hätten diese Pflanzen Nordeuropa auf jeden Fall erreicht. Die Frage ist nicht, ob diese oder jene Art von Melone oder Rose im Mittelalter in Europa eingeführt wurde oder erst später, sondern ob der Kontakt mit einer anderen Kultur, deren Gartenkunst deutlich fortgeschritten war und zu einer verfeinerten Lebensart gehörte, Widerhall in der mittelalterlichen Gartenkunst und Mentalität gefunden hat.

Eine neue Kunst und eine neue Sicht

In der Tat hat der Kontakt mit Konstantinopel und dem Orient die Sicht auf die Gestaltung der Alltagsdinge beeinflußt. Die Diplomaten kehrten mit prachtvollen Geschenken von dort zurück und mit Berichten, die die Phantasie beflügelten. Der Luxus und der verfeinerte, lustvolle Lebensstil an den orientalischen Höfen wirkten zweifellos verführerisch auf die Kreuzfahrer. König Ludwig der Heilige von Frankreich hatte sich einige Jahre als Gefangener in Ägypten und Palästina aufgehalten; das bewirkte tiefgreifende Veränderungen im Geschmack der Franzosen. Die Inventarlisten Karls V. oder des Herzogs von Berry zeigen eine große Zahl von »Arbeiten aus Übersee«. Venedig, das mit dem Morgenland Handel trieb, hatte eine reiche und verfeinerte Kultur. Aus dem Orient bezog man kostbare Stoffe: Musselin aus Mossul, Taft aus dem Iran, Schleier aus Alexandria, Damast aus Damaskus. Auch Teppich kaufte man dort ein. Mit den Stoffen und Teppichen verbreiteten sich auch die eingewebten Motive. Importiert wurden auch Legenden, die Darstellungen von Bäumen und Pflanzen, die an Stelle von Früchten Köpfe tragen, stammt aus der orientalischen Tradition, ebenso wie die Arabesken.
Die Pilger entdecken auch reiche Gärten. Eine der wichtigsten Stationen war der Balsamgarten bei Kairo. In diesem Garten floß eine Quelle, in der nach der Legende die Jungfrau Maria die Windeln des Jesuskindes gewaschen hatte. Der Balsam war ein Strauch, der der Weinrebe ähnelte und aus dem man eine Art von Öl gewann, das für religiöse Salbungen gebraucht wurde. Der Garten war Eigentum des Sultans von Matarieh, einer Oase, mit »den schönsten Gärten der Welt, umgeben

von Mauern, bepflanzt mit Palmen und Zedern, so daß es dort immer Schatten gab«.

Diese Beschreibung klingt echt; die Hitze und das fast vollständige Fehlen von Dunst fördern die Praxis des Stockwerkbaus. So folgt unter den Palmen eine Etage mit Orangen- und Zitronenbäumen. In ihrem Schatten wachsen wiederum Myrten und Granatapfelbäume und beschützen mit ihrem Laub die Gemüse. Der Stockwerkbau zwingt die Gärtner dazu, sich mit den Pflanzen zu befassen, die in einer Mischkultur gut zueinander passen. Die moslemischen Gärtner lassen die Weinrebe normalerweise am Zürgelbaum hochranken und pflanzen Zitronat-Zitronen neben Apfel- und Birnbäume. In den grünenden Obst- und Gemüsegärten wächst die Raute neben der Rose und dem Jasmin, der im Schatten der Orangenbäume wächst.

Mit den Stoffen verbreiteten sich auch die eingewebten Motive

Die Vielfalt der verwendeten Arten ist groß. Im 11. Jahrhundert zählt al-Himyari die Pflanzen der andalusischen Gärten auf. Man findet hier rosafarbene und gelbe Nelken, Kamille, Klatschmohn und Veilchen. Diese Blumen werden manchmal von orientalischen Dichtern erwähnt, die außerdem eine Vorliebe für Zypressen, Tulpen, Hyazinthen, Jasmin und vor allem für die Rosen haben, denen die Dichter unzählige Verse widmen. Doch in den Gärten des Orients erreicht die Wirklichkeit manchmal den Traum. Dank ausgeklügelter Bewässerungsysteme, die durch ein ganzes Netz von unterirdischen Kanälen (*kannat* genannt) Wasser aus den Höhenlagen bringen, haben sie die trockenen Ebenen des Mittleren Ostens in ein Schachbrett aus grünenden Gärten verwandelt. Gräben bewässern sorgfältig eingeebnete Beete. Sie sind von kleinen Erdwällen umgeben, die man mit dem Spaten eindrücken kann, um das lebensspendende Wasser an die Pflanzen fließen zu lassen.

Die Stadt ist von sehr schönen Gärten umgeben, bewässert von künstlichen und natürlichen Bächen und Bewässerungskanälen. Sie sind reich an allen Sorten von Bäumen, Obstbäumen und anderen, sie sind angenehm durch ihre Kühle, das Spiel der Vögel und die bunten Blumen, die sie wie ein Mantel von kaiserlichem Purpur bedecken. Die ganze Anmut der Natur erscheint an diesem Ort, so daß man ihn ein zweites Paradies nennen könnte. Ich habe hier am Santk-Martins-Fest die Nachtigal, die Lerche, die Krähe und andere Vögel singen gehört. Ich habe frisch erblühte

Veilchen gesehen und auch einige gekauft. So wie dieser Ort voller Feinheit ist, so sind auch seine Einwohner von feiner Natur, wie sie die Umgebung und das Klima hervorbringen. Die köstlichen Arten von Nahrungsmitteln, die man sich vorstellen kann, und noch bessere findet man bei ihnen.

Der deutsche Pilger THIETMAR MAGISTER 1217 über die Oase von Damaskus

Der arabische Erfinder al-Jazari beschrieb zahlreiche Spieluhren, die Gärten und Parks schmückten

Die Automaten und Spieluhren, die die Gärten beleben, erregen Staunen und Bewunderung. Als Erben einer Tradition, die bis auf die Antike und den griechischen Gelehrten Heron von Alexandria (1. Jahrhundert n. Chr.) zurückgeht, bauen die Araber mechanische Automaten, die die Besucher faszinieren. Ende des 12. Jahrhunderts schreibt der Gelehrte al-Jazari eine *Abhandlung über die Automaten*, in der er antike Maschinen wiedergibt, darunter einen Automaten, der die Seife anreicht, wenn das Wasser zu fließen beginnt. Die Gärten des Kalifen von Bagdad enthalten einen Baum aus Silber und Gold, bedeckt mit bunten Blättern, auf denen künstliche Vögel sitzen und singen. Vielleicht sind die Vögel aus Erz, die im Roman *Conte de Floire et Blancheflore (Flore und Blanscheflur)* in einem verzauberten Garten singen, ein Reflex jener einfallsreichen Mechanikerkunst.

Beeindruckt von den Gärten des Alcazars in Sevilla oder der Alhambra von Granada neigt man vielleicht dazu, die Rolle der andalusischen Gärten im Mittelalter

Die Zypressen und Palmen auf dem Bild »Das Lamm Gottes« hat der Maler wohl in Andalusien gesehen

Auf der Darstellung Palermos erkennt man den normannischen Palast und den Garten »La Zisa«

überzubewerten. Immerhin war es wahrscheinlich auf seiner Andalusienreise von 1292 im Gefolge der Herren von Burgund, daß Van Eyck die Zypressen und Palmen gesehen hat, die er auf dem Bild *Das Lamm Gottes* so detailgenau wiedergegeben hat. Doch die wichtigste Rolle bei der Verbreitung der orientalischen Gärten spielte sicherlich Sizilien.

Im Gegensatz zu Spanien bildete Sizilien eine Etape auf dem Weg ins Heilige Land. Darüber hinaus hatte die Insel eine eigene Industrie entwickelt und versorgte lange Zeit die europäischen Märkte mit kostbaren Teppichen und Wandbehängen. Die Händler und Herrscher, die hierher kamen, bewunderten die Pflanzungen und die Gärten, die Paläste und Klöster umgaben und in denen mechanische Automaten aufgestellt waren. Es ist kein Zufall, daß einer der wenigen mittelalterlichen Gärten, von dem uns eine Beschreibung überliefert ist, der Garten Renés von Anjou ist, des König von Neapel und Sizilien, der zugleich Dichter war und der für seinen Garten im Anjou Elephanten, Kamele und exotische Vögel besorgen ließ.
Der normanische König Roger II. von Sizilien (1130–1154) versammelte an seinem Hofe jüdische und arabische Gelehrte, darunter al-Idrisi, den berühmten Geographen, der auch mehrere Bücher über Heilpflanzen schrieb.
Rogers Werk wurde von seinem Sohn Wilhelm I. fortgesetzt. In einem riesigen Park, der mit maurischen Gebäuden geschmückt war, hatte er ein großartiges Anwesen errichten lassen, La Zisa (*azziz* bedeutet auf arabisch »glanzvoll«). Rogers Enkel, der Staufer Friedrich II., war zugleich deutscher Kaiser, König von Sizilien und von Jerusalem, er hielt zahlreiche Künstler und Gelehrte an seinem Hof und interessierte sich auch selbst für die Wissenschaften. Er förderte auch die Entwicklung der Medizinschule von Salerno. Über die Vermittlung dieser Schule sind seit den Übersetzungen von Constantinus Africanus (1015–1087) zahlreiche medizinische Abhandlungen aus dem arabischen Raum in Europa bekannt geworden.
Später ließ Kaiser Friedrich III. (1440–1493) auf der Nürnberger Burg, auf der Südseite des Palas, in Anlehnung an die Gärten der morgenländischen Königin Semiramis »Hängende Gärten« anlegen, die auf Pfeilern ruhten und Wein, Blumen und kleine Obstbäume trugen. Dazu gehörte ein orientalischer Park, in dem ein besonderer Gärtner sich um die Pflege der Pflanzen aus dem Mittelmeerraum kümmerte. Noch zu Beginn des 18. Jahrhunderts rühmte Johann Christoph Volkamer, Verfasser des Kupferstichwerks »Nürnberger Hesperiden«, diese Gärten.
Der Charme der sizilischen Gärten hat sicher auch Robert II. von Artois darauf gebracht, einen der berühmtesten Gärten des Mittelalters anzulegen: den Park von Hesdin. Robert hatte sich schon 1270 in Sizilien aufgehalten, als er von einem Kreuzzug gegen Tunis zurückkam und den Leichnam Ludwig des Heiligen begleitete. Nach dem Tod von Karl von Anjou wurde er 1285 zum König von Sizilien ernannt und residierte hier bis 1289. Nach seiner Rückkehr ließ er in seiner Heimat den Park von Hesdin errichten, von dem keine Spuren erhalten sind, der jedoch zwei Jahrhunderte lang einer der berühmtesten Gärten des Abendlandes war und seine Besucher durch seinen Reichtum und den Einfallsreichtum seiner Automaten verblüffte.
Der Baumeister dieser Gärten hieß Thierry d'Hierçon und kam aus der Gegend von Bourbon (um Vichy). Er hatte die Verantwortung für einen Park, der von einer 13 Kilometer langen Mauer umschlossen wurde, sich über 940 Hektar erstreckte, und eine ganze Sammlung von Automaten enthielt, deren Kosten noch in den Rechnungsbüchern zu finden sind. Einige von ihnen standen um einen kleinen Pavillon herum, der »Haus im Moor« hieß, weil er auf einer künstlichen Insel

inmitten eines Fischteichs erbaut war. Am Haus entlang verlief die »Galerie der Späße«, wo Automaten die Besucher mit Wasser oder Mehl besprengten. Brücken, runde Pavillons oder Volieren rundeten den Schmuck des Hauses ab.
Nach dem Tode Roberts von Artois ging der Besitz an seine Tochter Mahaut d'Artois über, die Thierry d'Hierçon in ihrem Dienst behielt und die Anlage des Parks nach dem ursprünglichen Plan fortsetzte. Ihre Rechnungsbücher geben einigen Aufschluß über die Ausstattung des Gartens. Unter den Spieluhren, die dem Park hinzugefügt wurden, befand sich ein Baum, auf dem Vögel saßen, die aus ihren Schnäbeln Wasser spien. Eine Konstruktion, die an die Wunderdinge in den Gärten von Bagdad erinnert. Das Erbe von Mahaut ging an ihre einzige Tochter Jeanne. Durch ihre Heirat kam der Park in den Besitz der burgundischen Herzöge, die ihm immer Wertschätzung und gute Pflege angedeihen ließen.
Im Museum von Dijon gibt es ein Bild, das Van Eyck zugeschrieben wird: ein Fest am burgundischen Hof. Es gibt eine Vorstellung davon, welche Freuden es dort geben konnte. Eine elegante und reiche Festgesellschaft trifft sich dort in einem Obstgarten. Unter einem der Bäume ist ein Tisch gedeckt. Im Hintergrund, neben einem Springbrunnen mit quadratischem Becken, auf einem See mit schilfbewachsenen Ufern, schwimmen weiße Schwäne. In der Mitte des Sees liegt ein Holzhaus auf Ständern, wahrscheinlich das berühmte »Haus im Moor«.
Während im 12. Jahrhundert alle Spieluhren nur mit Wassekraft oder Windkraft angetrieben werden konnten, erlaubte der Fortschritt der Uhrmacherkunst im 13. Jahrhundert weitere Verbesserungen der Automaten. In Hesdin hatte der Herzog von Burgund eine Gruppe von Spezialisten, die sich nur um deren Instandhaltung und die der Wasserspiele kümmerte. Von 1389 bis 1391 beauftragte Philipp der Kühne den Maler Broederlam, den Pavillon der Gloriette und die »Galerie der Späße« auszuschmücken. Im 15. Jahrhundert machte Philipp der Gute den Prunk von Hesdin zu einem Aushängeschild seines Ruhms und seines Reichtums. Er scheute keine Kosten, um den Park zu restaurieren und dort Empfänge für Botschafter abzuhalten. 1463 hielt er so fröhliche Feste ab, daß die Königin Bonne von Savoien gegen den Willen Ludwigs XI. ihren Aufenthalt verlängerte. Um sie zu unterhalten, ließ Philipp die Galerie der Späße vergrößern und befahl dem Maler Colard le Voleur, »entlang der oben genannten Galerie unter einer Mauer von einem Fuß Höhe Röhren und andere Maschinen anzulegen, die Wasser speien sollen aus so vielen Orten, daß niemand in der Galerie sich retten kann und alle naß werden. Und unter dem Pflaster, andere Röhren und Maschinen, daß die Damen auch von unten naß werden.«

Gärten von Königen und Adeligen

Der Park von Hesdin war berühmt, und mehrere Gelehrte denken, daß er Autoren wie Guillaume de Machaut angeregt hat. Er ist ein wichtiger Beleg dafür, wie die Kreuzzüge die Erneuerung der Gartenkunst im Abendland eingeläutet haben. Auch die Werke der moslemischen Agrarschriftsteller waren den christlichen Autoren bekannt und wurden von ihnen benutzt. Albertus Magnus hat ihre Kenntnisse in seinem Buch *De vegetabilibus* verarbeitet, das im 7. Kapitel, *De plantatione viridarium*, »Vom Anlegen der Baumgärten« von den Gärten seiner Zeit handelt. Auf diese Abhandlung greift weitgehend Petrus de Crescentiis zurück, dessen Buch zum Ende des Mittelalters eine große Rolle gespielt hat. Petrus de Crescentiis oder Pietro de Crescenzi wurde 1230 in Bologna geboren und starb 1320. Er schrieb sein Buch *Ruralia commoda* im Auftrag des Generaloberen der Dominikaner, dem er das Buch auch gewidmet hat, ebenso wie dem König von Sizilien und Jerusalem Karl II. von Anjou.

Ein Fest am burgundischen Hof

Petrus de Crescentiis schrieb über alle Aspekte der Landwirtschaft

Das Buch handelt von den »Erträgen des Landes«, also vor allem von der Landwirtschaft. Im 8. Kapitel geht es um den Gartenbau. Es gibt eine ziemlich genaue und realistische Vorstelllung davon, wie ein Garten gegen Ende des Mittelalters aussehen konnte. Da es aus dem Lateinischen in die Volkssprachen übersetzt und oft abgeschrieben sowie später gedruckt wurde (Toskanisch 1350, Französisch 1373, Deutsch 1474: *Vom Nutz der Ding*), war seine Wirkung beträchtlich. Im Sinne der Dreiteilung der Gesellschaft, wie sie ihm vertraut war, unterscheidet Petrus de Crescentiis drei Arten von Gärten: kleine Kräutergärten, Gärten von mittelständischen Personen, königliche Gärten und Gärten anderer reicher und vornehmer Herren. Was die königlichen Gärten angeht, so hatte Karl V. in Paris mehrere Gärten anlegen lassen. Man erkennt die des Louvre im Stundenbuch des Herzogs von Berry im Bild des Monats April.

Doch die bekanntesten Gärten Karls V. sind die des Hôtel de Saint-Pol. Anhaltspunkte über ihr Aussehen sind in Rechnungsbüchern des Köngishauses erhalten und, auf persönlichere Weise, in der Beschreibung des Anwalts Sauval aus dem 17. Jahrhundert, der eine große Zahl von Quellen zusammengetragen hatte, um eine Geschichte der Altertümer von Paris zu schreiben.

Diese Gärten, die über die alte Stadtmauer hinweg etwa 10 Hektar Land zwischen der Rue Saint-Antoine und der Seine einnahmen, bestanden aus einer Reihe von Grundstücken, die nacheinander zwischen 1360 und 1418 erworben wurden. Aus diesem Grund teilten sich die Gärten in eine Reihe von Mauergärten auf, die Gärten »vom Gipsfeld«, »vom Kirschgarten« hießen, oder großer Garten, Königsgarten etc. Wenn sie auch heute verschwunden sind, haben sie doch ihre Spuren im Stadtviertel hinterlassen, denn es gibt immer noch eine Rue de la Cerisaie (Straße vom Kirschgarten) und eine Rue Beautreillis (Straße der schönen Spaliere). Wie der Kreugang ist der Mauergarten ein umschlossener Ort, ein *hortus conclusus*. Bei den mittelalterlichen Gärten ist die Umzäunung sehr nützlich, nicht nur um neugierige Blicke fernzuhalten, sondern auch gegen die Diebe und Tiere, die herumlaufen.

Manchmal sieht man auf den Minaturen und den Holzschnitten Mauern, auf denen Rankgitter stehen, oder von Rosen umrankte Holzzäune. Der *hortus conclusus* aus dem Stundenbuch des Kardinals zeigt einen kleinen Rasenhof, umgeben von Rankgittern, und das *Urteil Kaiser Ottos* einen Garten, der von einem Holzzaun begrenzt ist. Beides sind mehr symbolische als wirksame Umzäunungen. Solche leichteren Umzäunungen begrenzen eher einzele Bereiche innerhalb von größeren Gärten. Oft schließt sich eine Hecke an einen Graben an, der je nach Lage trokken oder mit Wasser gefüllt ist. Nach Petrus de Crescentiis kommt die mit Rosen durchmischte Dornenhecke vor den baumartigen Sträuchern wie Granatapfel, Haselnuß, Apfelbaum oder Quitte. Doch normalerweise wurde der Garten von einer Mauer oder Holzwand umschlossen, oder vielleicht von einer Hecke aus Weiden, die kunstvoll ineinander verflochten waren.

Eine Urkunde von 1317 beschreibt ein adeliges Anwesen bei Nangis, das ein Hauptwohnhaus und verschiedene Anbauten enthält, darunter »ein drehbares Taubenhaus mit Rädern, gut mit Tauben bevölkert, ein Hühnerstall und darunter ein Stall für Schweine, mit Ziegeln gedeckt, einen rundum mit Mauern umschlossen Hof und drei Gärten dabei«. Die mittelalterlichen Holzschnitte zeigen zahlreiche Beispiele solcher Mauern, manchmal mit Zinnen darauf.

In Gegenden mit schwerer, feuchter Erde waren die Gärten manchmal nur mit Gräben umgeben, die zugleich als Schutz und zur Entwässerung dienten.

Leichtere Umzäunungen begrenzen einzelne Bereiche innerhalb von größeren Mauergärten

Dieser Garten war von einem Graben umschlossen,
einen Arm und einen halben tief,
und drum herum und in der Umfriedung
war gesät Vergißmeinnicht,
Margeritten und Melancholie (Akelei)

Verger d'amour (Liebesgarten), 14. Jahrhundert

In den Burgen waren diese Mauern oder Gräben nur selten die der Festung selbst: Die zum Schutz der Festung nötige Mauerhöhe ließ nur selten genug Sonne herein, um einen Garten anzulegen. Mauergärten und Obstgärten lagen meistens außerhalb des Mauerrings der Burg und bildeten mit weiteren Wirtschaftsgebäuden einen Komplex, der oft Vorburg oder Unterburg hieß.

Hier fand man Zuflucht vor der Betriebsamkeit, der in der Burg herrschte, erholte sich im Grünen, an reiner Luft und im Licht, die in den dunklen Zimmern hinter dicken Mauern fehlten. Die Existenz solcher ländlichen Mauergärten könnte erklären, warum bei archäologischen Grabungen in manchen ummauerten Parzellen keine Spuren von Wohnungen zutage kamen. Es könnte sein, daß es sich nicht um befestigte Häuser handelte, wie Mauern und Gräben vermuten ließen, sondern um einfache Gärten. In Plessis-lez-Tours waren die Gärten, die sich in der Unterburg befanden, vom Ehrenhof durch breite Wassergräben getrennt.

Man liest noch hier und da, daß die Gärten auf der Spitze der Türme gelegen hätten. Dieser Gedanke, der im 19. Jahrhundert aufkam, wird durch nichts gestützt und erscheint völlig unwahrscheinlich. Warum sollte man, obwohl man genug Platz hatte, Arbeitskraft verschwenden, um Erde mühsam die Wendeltreppen hochzutragen! Ganz abgesehen davon, daß diese Gärten nur schwer zu unterhalten und zu wässern gewesen wären und daß das Gießwasser durch die Decke gelaufen wäre. Von Bänken oder erhöhten Bodenstücken umgeben, erscheinen die Innenhöfe wie Gärten in einer Schale, auf sich selbst zurückgezogen, in der Art der Kreuzgänge und der moslemischen Innenhöfe oder Patios.

In diesem Zusammenhang wollen wir noch einmal auf die Zusammenhänge zwischen *hortus conclusus* und arabischen Gärten zurückkommen. Sie sind zu offensichtlich, um Zufall zu sein. Vom römischen Landgut ist das Atrium zum maurischen Garten geworden, mit seinen unzähligen quadratischen Innenhöfen, seinen gepflasterten Höfen, seinen offenen, von Wasserläufen gekühlten Galerien. Jahrhundertelang hat man immer wieder diesen Grundriß orientalischer und biblischer Tradition wieder aufgegriffen oder neu erfunden: ein Quadrat, aufgeteilt in vier andere durch ein Wegkreuz. An diesen wunderbaren Orten begegnen sich Gärten und Gebäude so innig, daß man nicht immer weiß, ob man noch im Palast oder schon im Garten ist. Auf Terrassen, wo man im Schatten von wohlgeplant gesetzten Bäumen einen Tisch decken kann, folgen Becken und Schalen, um sich zu baden und zu erfrischen, Ruheräume, um zu philosophieren, zu lesen, zu nähen oder zu träumen.

In allen Mittelmeerkulturen, wo die langen, trockenen und heißen Sommer dazu einladen, im erholsamen und kühlen Schatten des Gartens zu leben, ist dies eine na-

Reigen vor der Rasenbank

türliche und logische Art, einen Ort anzulegen, wie ein zweites Wohnzimmer, das die Wohnung fortsetzt. Und wenn die klösterlichen Gärten die kleinen Fluchten der Mönche sind, so sind es hier die Frauen des Harems, die ein wenig Freiheit finden. So daß man sich fragen kann, ob hier nicht einer der Ursprünge für das Bild der Dame in einem verschlossenen Garten liegt. Sie wohnen hier wie in einem Haus ohne Dach, dessen verschiedene Zimmer durch Gitter oder Hecken abgeteilt sind, wahre Mauern aus Grün, die, wenn sie auf die Höhe von Zierhecken gestutzt werden, nur noch symbolische Bedeutung haben.

Diese ursprüngliche Gemeinsamkeit zwischen moslemischen und klösterlichen Gärten erklärt vielleicht, warum das Mittelalter die moslemischen Gärten zwar als besonders reich und luxuriös empfand, aber nicht als völlig fremd. Dies umso mehr, als die Menschen des Mittelalters sich unter dem Einfluß der biblischen Texte immer schon Gärten voller Pflanzen vorgestellt hatten, die im Heiligen Land wuchsen.

Der Rasen, der die Bänke des Mauergarten bedeckte, bestand aus Grassoden, die man am Wegesrand oder auf den umliegenden Weiden ausgestochen hatte. Albertus Magnus sagt über diese Gärten, daß man »irgendwo in der Mitte Sitze aufstellen muß, die es erlauben, sich hinzusetzen und auf angenehme Weise auszuruhen, wenn die Sinne nach Kühlung verlangen.« Diese Sitze erscheinen auf den mittelalterlichen Miniaturen, als Rasen- oder Backsteinbank, entlang der Umfriedung rund um den Garten. Man saß hier, um zarte Bande zu knüpfen oder auch nur um zu lesen, zu sticken oder Blumenkränze zu flechten, die für die religiösen Feste gebraucht wurden.

Ein anderes Kennzeichen der mittelalterlichen Innenhöfe und Gärten sind die erhöhten Bänke »voller bezaubernder Blumen« (Albertus Magnus), die wie die Rasenbänke rund um den Hof verlaufen, mit der Außenmauer als Rückenlehne. Sie sind zu sehen im Paradiesgärtlein und in der Madonna am Brunnen von Van Eyck. Gegen Ende des Mittelalters wird der Boden oft in Beete aufgeteilt. Auf den Holzschnitten der Zeit erkennt man, daß sie quadratisch oder rechteckig sind. Diese ein wenig erhöhten Beete sind durch Wege getrennt und bezeichnen auf dem gestampften oder geplatteten Boden eine Art Schachbrettmuster. Doch sie konnten auch rund sein. Sie waren von Begrenzungen umgeben, die aus Trieben von Kastanie, Haselnuß oder Weide geflochten wurden. In besonders schönen Gärten waren die Umrandungen aus Ziegeln oder Steinen.
Auf dem Schloß von Gardanne, in der Nähe von Aix, ließ René d'Anjou, der nicht nur König von Neapel, sondern auch Graf der Provence war, einen Mauergarten einrichten. Der Verwalter des Schlosses, Desbans, hinterließ die Notiz:

X Sols für Erde und Arbeiter, um den kleinen Innenhof des großen Gartens einzurichten – Item II Sols sechs Denier für den Kauf einer Begrenzung aus Holz, um das runde Beet des großen Gartens zu verkleiden. Item für sechs Gärtner, die einen vollen Tag lang im großen Garten waren, um das genannte runde Beet mit Erde zu verkleiden, um den Weinstock und was noch nötig war anzubinden, die Gänge des kleinen und des großen Gartens zu säubern, für Lohn und Material, XX Sols.

Die Bepflanzung der Beete war nicht sehr vielfältig, denn es waren zwar viele Blumen bekannt, doch nur wenige Gärten versammelten sie alle. Die Miniatur zum Monat April im Stundenbuch des Herzogs von Berry enthält, in der Ecke des Schlosses, einen Garten, dessen Mauern mit einer Pflanze berankt sind, die ein Weinstock sein könnte; eine Reihe von blühenden Sträuchern und Rasenquadrate vervollständigen die einfache Ausstattung.
Die Blumen kamen oft aus der Umgegend. In den *Ruralia commoda* sehen die Beete auf den Bildern recht kahl aus. Es wuchsen hier zarte Akelei, kleine »Paketchen« von Schwertlilien, Maiglöckchen, deren sanften Duft man sich vorstellen kann. Man sieht außerdem die winzigen Blüten der Walderdbeere, zierliche Nelken, Vergißmeinnicht, kleine Stiefmütterchen, fast immer Frühlingsblumen. Von Karl VI. weiß man, daß er 300 rote und weiße Rosenstöcke anpflanzen ließ, 300 Lilienzwiebeln und 300 Wasser-Schwertlilien.
Von diesen Blumen kommen einige auf dem Bild Maria mit dem Kanzler Rolin von Van Eyck vor, auf dem er mit seiner typischen Genauigkeit einen kleinen städtischen Mauergarten gemalt hat, in dem rote Rosen, Lilien, Pfingstrosen, Akelei und Schwertlilien wachsen. In den Miniaturen sieht man die Pflanzen, besonders die Nelken, oft gestützt von geschmiedeten Gittern. In einer Zeit, in der Eisenwaren noch ein Luxus waren, zeigt dies die Wertschätzung bestimmter Sorten und wie aufmerksam man für sie sorgte.
Diese Bilder von Gärten im Frühling entsprechen der mittelalterlichen Dichtung. Wie in den Klostergärten vermischen sich die Blumen oft mit den Kräutern. Al-

bertus Magnus schreibt nicht nur das Anpflanzen aller möglichen Blumenarten vor, sondern auch von »allen Kräutern die gut riechen: die Raute, der Salbei, der Basilikum«, eine Vorschrift, die Petrus de Crescentiis in seiner Beschreibung der »kleinen Gärten« fast Wort für Wort aufnimmt, um dann »Majoran, Bohnenkraut, Minze und ähnliche Pflanzen« hinzuzufügen.
Wenn auch die Heckenrosen häufig in den mittelalterlichen Gärten waren, so waren bis zum 14. Jahrhundert die gefüllten Rosen wesentlich seltener. Im 13. Jahrhundert gab es noch Verträge, in denen als Gegenleistung für ein kleines Stück Erde »eine Rose zum Johannisfest« verlangt wird. Im 14. Jahrhundert sind Abgaben in Form von Kränzen aus Rosen weit verbreitet.
Während im Winter der Boden einer Burg oder eines Schlosses mit Teppichen bedeckt war, streute man ihn im Sommer mit einer Lage Kräuter und Blumen von sanftem Duft aus. Ludwig XI. gilt zwar als strenger Charakter, doch er ließ sein Schlafzimmer mit Rosen, Majoran, Rosmarin und Veilchen ausstreuen. Im übrigen konnte man zwar bei Krankheiten auf das Wissen der Mönche zurückgreifen, doch bei den alltäglichen kleinen Leiden verließ man sich wahrscheinlich auf eigene Gartenkräuter. Dienerinnen, Ammen und Hausfrauen kannten sicherlich ein paar Hausmittel. Morgane, die Schwester des Königs Arthus, bereitet im Roman *Erec et Enide* eine Salbe, die Erecs Wunden heilt. Auch der Balsam, der nach einem Kampf Tristan heilt, wird von einer Frau zubereitet. Manche Frauen kannten sicher auch Rezepte, die in den Bereich der Hexerei gehörten, wie die Mutter von Isolde, die den »Kräuterwein« zubereitet, der das Unglück ihrer Tochter heraufbeschwor.
Auch im *Capitulare de villis* gibt es Pflanzen, die nicht als Nahrungsmittel, sondern zum medizinischen Gebrauch gedacht sind, wie der Heilziest, der Odermennig oder die Malve. Nach den medizinischen Nachschlagewerken vom Ende des Mittelalters zu urteilen, waren die häufigsten Pflanzen in der Hausapotheke solche, die zugleich als Würzkräuter und als Heilkräuter dienten. Dies gilt für Ysop, Gartensellerie, Petersilie, Salbei, Fenchel, und Zwiebel, die als Medizin zu gebrauchen waren oder um Fleischpasteten, Soßen und Braten zu würzen.
Der Gärtner Karls V., Philippe Persant, der im Jahr 60 Ecus dafür bekam, daß er den königlichen Garten unterhielt, pflanzte nicht nur Blumen, sondern auch Kräuter und Gemüse an. Er pflanzte Rosmarin und Lavendel, säte Flaschenkürbisse aus, Veilchen, Salbei, Erdbeeren, Majoran, Portulak. Um den Küchenchef des Königs, Jacques Pastourel, zu versorgen, pflanzte auch der Gärtner Ludwigs XI., Pierre Benoist, alle möglichen Sorten von Kräutern in großen Beeten des Nutzgartens von Plessis-lez-Tours. Die Rechnungsbücher des Köngis zeigen, daß 1478 Zwiebeln und Grüner Kohl gekauft wurden, um sie im April in den königlichen Garten zu pflanzen, im Dezember Knoblauch. Doch Meister Benoist war vor allem ein Spezialist in der Technik des Pfropfens. Die Birnensorte »Bon Chrétien« soll auf ihn zurückgehen, die schon Florentin Florio 1477 in seiner Beschreibung der Gegend um Tours lobt. Dies spricht gegen die Legende, der heilige Franz von Paola habe sie mitgebracht, als er 1483 an das Sterbebett von Ludwig XI. kam.
Die Obstbäume nahmen eine bevorzugte Stellung in den Gärten ein. So sagt Sauval in seiner Beschreibung von Paris, daß Karl V. in den Gärten des Hotels Saint-Pol

Kirschbäume pflanzen ließ und daß Karl VI. noch 1000 Kirschbäume, Weinstöcke, 150 Pflaumenbäume, 115 aufgepfropfte Apfelbäume hinzufügte, davon 100 gemeine Apfelbäume und 12 Paradiesäpfel. Apfel- und Birnbäume sind im Mittelalter weit verbreitet, und ihre Früchte werden auf dem Markt verkauft.

Obst wird als vornehme Speise angesehen. Im Mittelalter werden bestimmte Nahrungsmittel als der Oberklasse unwürdig angesehen, denn die Mentalität der Ständegesellschaft schlägt sich bis in die Ernährungsgewohnheiten nieder. Alles, was im Boden wächst, nähert sich den Gegenden der Hölle an und kann nur von den Angehörigen der unteren Schichten gegessen werden, also den Nicht-Adeligen. An der Spitze der Gesellschaftspyramide stehen die Adeligen, sie essen nur das, was nach oben wächst, zum Himmel. So bevorzugen sie beim Fleisch das Geflügel. Während die Weißen Rüben das Essen der Armen sind, essen die Reichen Früchte von den Bäumen. Als Erec und Enide von König Arthus in seinem Zelt empfangen werden, lädt er sie zu einem Mahl ein, bei dem es Birnen zum Nachtisch gibt: »Da es ein Samstag Abend war, aßen sie Fische und Früchte, Hecht und Barsch, Lachs und Forelle, danach rohe und gekochte Birnen.« *(Erect et Enide)*.

Im 15. und 16. Jahrhundert besitzen Herrscher und Mächtige ein Obstlager, das ein Obstmeister überwacht. Philipp III. der Kühnen hatte in seinem Lager außer dem Obstmeister noch drei Knechte. Doch Karl der Kühne hat schon zwei Obstmeister, die sich im Dienst abwechseln. Ihre Aufgabe ist es, dem Herrn die Früchte vorzulegen und sie zu probieren. »Er liefert alle möglichen Sorten von Früchten, wie Birnen, Äpfel, Kirschen und Trauben. (...) Er liefert auch Dörrpflaumen, Kapern, Feigen, Datteln, Rosinen, Walnüsse und Haselnüsse, die in großen Mengen günstiger gekauft werden, weil man viel davon verbraucht.« Doch auf diesem Gebiet zumindest scheint Ludwig XI. besser ausgestattet zu sein als sein Rivale, denn er hat vier Obstmeister und vier Schreiber im Obstlager. Das läßt darauf schließen, daß die Obstgärten des Königs besonders gut ausgestattet waren.

Man muß sich vor Augen halten, daß es im Mittelalter außer Äpfeln und Birnen im Winter praktisch kein Obst gab. Also waren Dörrobst, Walüsse, Mandeln und Haselnusse sehr begehrt, außerdem getrocknete Früchte wie die berühmten schwarzen Pflaumen aus Damaskus, getrocknete Feigen und selbst Datteln. Vom 15. Jahrhundert an erlaubt die Einfuhr immer größerer Zuckermengen die Herstellung von Konfitüren. Die Früchte, die gegen Ende des Mittelalters so begehrt waren, hatten jedoch nicht immer einen guten Ruf. Lange Zeit hielten die Ärzte sie für kalt und feucht und verdächtigten sie, die schlechten und verdorbenen Säfte zu fördern. Sie erlaubten Früchte nur im Sommer, zu bestimmten Tageszeiten, und empfahlen zusätzlich, sie zu kochen oder mit verschiedenen Zutaten anzurichten. Allerdings sind die Früchte zu dieser Zeit oft sauer, und bei mangelnder Hygiene rufen rohe Speisen leichter Durchfall und Ruhr hervor.

Die Ärzte zeigten sich versöhnlicher, wenn es um Früchte mit harter Schale ging: Wal- und Haselnüsse und vor allem Mandeln. Doch die Melonen hatten keinen guten Ruf, auch nicht die Kirschen, besonders die Schwarzkirschen und die Süßkirschen, denen man noch im 17. Jahrhundert vorwarf, die Eingeweide zu verhärten und Würmer zu erzeugen. Dem Pfirsich, den der antike Arzt Galen wenig schätzte, warf man vor, daß er zu schnell schlecht würde. Das hinderte die Medizinschule von Salerno nicht daran, ihn trotzdem zu empfehlen, aber in Wein getränkt. Mit der Zeit ändert sich die Mentalität, und immer mehr Menschen essen Obst. Die Gewohnheit kam auf, am Ende eines Mahls Früchte aufzutragen, begleitet von Kräuterwein oder Gewürzwein, der mit Hongi gesüßt war, ähnlich wie schon früher der Rosenwein.

Das Spalierobst wurde entweder von Bretterzäunen gehalten oder von Bögen, die die Gärten umgaben und einen beliebten Schutz gegen die heiße Sonne bildeten, so daß Albertus Magnus sie für Obstgärten empfiehlt. Über die königlichen Gärten aus der Zeit Karls V. heißt es: »Die Wiesen jedes Gartens waren von mit Spalieren überdachten Hecken umgeben, die rautenförmig miteinander verbunden waren. So entstanden Bogengänge. Und diese Bogengänge hatten an beiden Enden kleine Pavillons, die auf die gleiche Art gemacht waren. Und nicht nur an jeder Ecke der Rasenhöfe waren Pavillons, sondern auch noch in der Mitte, und es gab auch noch Bogengänge, die quer durch die Gärten liefen und sie unterteilten (...) Die Pavillons waren rund oder quadratisch, oder beides abwechselnd; von innen waren sie rundherum mit Rasenbänken ausgekleidet, durch Stufen erhöht, und die Rankgitter, die sie umgaben, endeten oben in Zinnen oder in Lilien. Die Zinnen hatten die Form von Zelten, etwa wie ein Kirchturm, auf dem ein großer Apfel sitzt, und ganz oben saß eine Wetterfahne in den französischen Farben.«

Das Schloß von Gaillon in der Normandie hatte Ende des 15. Jahrhunderts einen quadratisch angelegten Garten, der sich in kleinere Quadrate aufteilte, die von Gittern aus bemaltem Holz, Volieren, Pavillons und einer großen Wiese eingefaßt wurden. Die Konstruktion der bewachsenen Bogengänge und Laubengänge war meist aus Holz auf einem Unterbau aus einer kleinen Mauer, sie konnte zwei Etagen haben. Im Sommer dienten diese Bauten als Speisesaal bei Gastmählern. Am Ende des Mittelalters enthielten die gotischen Gärten ein ganzes Netz aus Laubengängen. Man suchte Schutz unter Galerien aus komplizierten Rankgittern, die üppig bewachsen waren, und unter einem Flechtwerk von Judasbäumen. Man wandelte entlang von Holzwänden, die mit Spalierobst bedeckt waren. Manchmal, wenn die Gärten in Terrassen angelegt waren wie in Blois, wo der Garten in drei Ebenen angelegt war, waren die Stützmauern mit Pflanzen bewachsen.

Eine der schönsten Gartenbeschreibungen des Mittelalters ist die im *Decamerone*; sie nimmt auf verführerische Weise die typischen Elemente des *hortus conclusus* auf und betont, wie angehm die Bögen aus Wein und die duftenden Schattenplätze sind: Dann öffnet sich die Tür eines Gartens, der an einem Schloß liegt und den hohe Mauern umschließen.

(...) Um den ganzen Garten herum und mehr als einmal auch in seiner Mitte verliefen breite Wege, gerade wie der Flug eines Pfeils und bedeckt mit Weinreben in Bögen, die für den Herbst eine reiche Traubenernte versprachen. Sie standen noch in der Blüte und verbreiteten einen solchen Geruch, daß man mit allen anderen Düften des Gartens meinen konnte, in einer Apotheke zu sein, inmitten aller Wohlgerüche Asiens. Die Ränder der Wege verschwanden völlig unter Büschen von weißen und rosafarbe-

nen Rosen und Jasmin. Morgens und selbst um die Mittagszeit konnte man in einem duftenden Schatten wandeln, ohne von den Sonnenstrahlen erreicht zu werden. (...) Wenn man das Paradies auf Erden schaffen könnte, wie sollte man es anders gestalten als diesen Park?

Eine recht genaue Vorstellung von solchen grünen Gängen gibt ein Bild von Giusto Utens vom Ende des 16. Jahrhunderts, auf dem das Landgut der Ambrogiana nahe Florenz abgebildet ist, das damals im Besitz der Medici war und sich noch in demselben Zustand wie bei seiner Erschaffung im 15. Jahrhundert befand. Eine Miniatur aus dem Stundenbuch des Herzogs von Berry läßt in den Gärten des Louvre kleine Pavillons und mit Blumen bewachsene Kioske erahnen.

Schwer beladen mit Hopfen, Wein oder Geißblatt krönten diese leichten Bauten kleine Hügel, Aussichtspunkte, die über die Mauern hinausragten und einen Rundblick über den ganzen Garten erlaubten. Ein solcher existiert noch bei der Abtei von Jumièges in der Normandie. Das *Monasticon Gallicanum* erklärt, daß es sich um eine Darstellung des Berges Tabor handelt, auf dem Christus verklärt wurde. Solche Hügel konnten auch das Gebirge symbolisieren, auf dem nach vielen Bibelkommentaren der Garten Eden gelegen habe. Im Garten des Louvre gab es vier solcher Hügel mit Pavillons, und vielleicht stammt daher der Gedanke, daß Gärten auf Türmen angelegt worden seien. Im 17. Jahrhundert gab es sie auch im königlichen Garten in Paris, den Jean Robin geschaffen hatte und der später der botanische Garten (*Jardin des Plantes*) werden sollte.

Giusto Utens malte die Landgüter der Medici

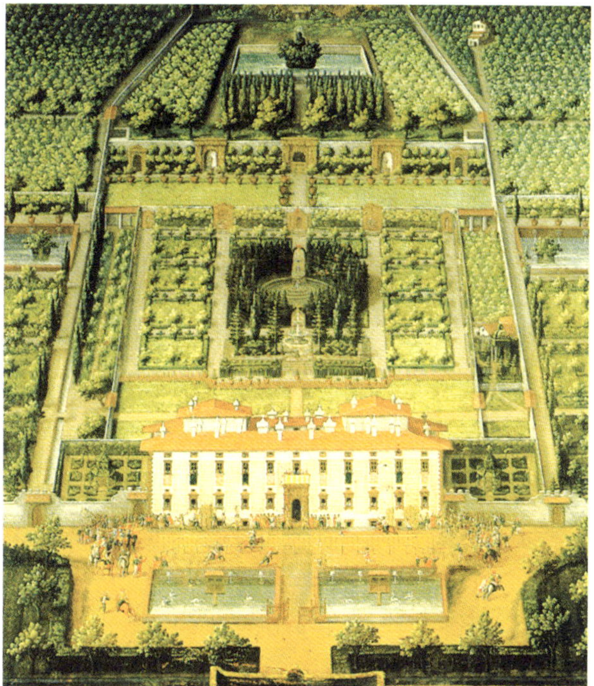

Olivier de Serres, der berühmte Gartenbauspezialist der Renaissance, erklärt, daß diese kleinen Berge von Richer de Belleval für den botanischen Garten von Montpellier erdacht wurden, um alle möglichen Sorten von empfindlichen Heilfpflanzen in der besten Ausrichtung zur Sonne anpflanzen zu können. In der Normandie pflanzte man bis ins 19. Jahrhundert Weinstöcke an solche kleinen Hügel, und auch die modernen »Kräuterspiralen« folgen dem gleichen Prinzip.

Beim Gedanken an diese Bauten auf kleinen Erhebungen fallen einem unwillkürlich die Symbolik des Gartens und des königlichen Zelts ein. Besonders weil heilige Berge schon immer als Orte der Begegnung zwischen Himmel und Erde galten und daher kennzeichnend sind für die Aufgabe des Königs, Mittler zwischen Himmel und Erde zu sein.

Auch die Irrgärten gehen auf eine religiöse Tradition zurück, auf die Labyrinthe auf dem Boden der gotischen Kathedralen, die den Gläubigen, die nicht ins Heili-

ge Land reisen können, einen Weg nach Jerusalem bieten, der die wirkliche Pilgerfahrt ersetzt. Man durchläuft das Labyrinth auf Knien oder im Gebet.
In den Weltlichen Gärten sind die Irrgärten ein Sinnbild des Eintritts in die Liebe und gehen direkt auf die Regeln der Minne zurück. Irrgärten findet man daher in vielen Schloßgärten, wie in dem des Grafen Arnold von Guines in Ardres, der sich ein sehr komplexes Labyrinth von dem Schreiner Louis de Bourbourg bauen ließ. Weitere gab es im Park von Hesdin und den königlichen Gärten des Hôtel Saint-Pol. In Tournelles war ein Irrgarten angepflanzt worden, denn es wird berichtet, das der Herzog von Bedford ihn im Hundertjährigen Krieg ausreißen ließ. René von Anjou ließ einen Irrgarten in Beaugé anlegen.

Labyrinth

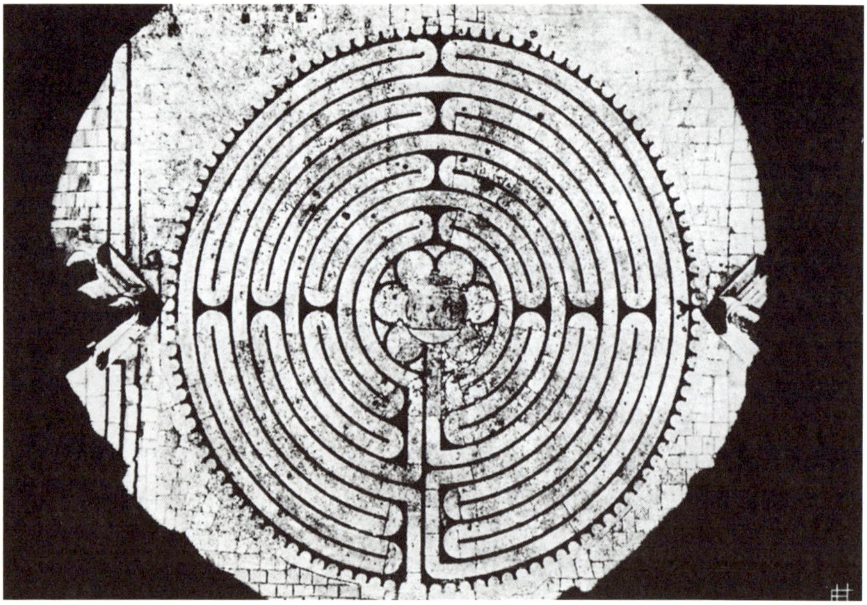

Die reiche Symbolik des Wassers und der Quellen erklärt vielleicht auch zum Teil die zahlreichen Brunnen in weltlichen Gärten. In den königlichen Gärten von Paris soll es einen Brunnen aus Stein oder Marmor mit einem wasserspeienden Löwen oder einem anderen wilden Tier gegeben haben. Doch ein solcher Brunnen ist ein so angenehmes Element, daß man in ihm nicht nur eine Erinnerung an den herrlichen Löwenbrunnen der Alhambra in Granada sehen sollte. In den islamischen Gärten ist das Wasser ein wesentliches Element von Leben und Bewegung. Brunnen und Wasserrinnen geben jedem Innenhof seine eigene Gestalt, und aus dem ständigen Kreislauf des Wassers entsteht der Zauber der orientalischen Gärten. Ohne die Becken und Brunnen aus poliertem Marmor, wo mit einem kühlen Rauschen das Wasser fließt und im Spiegelbild das Blau des Himmels den Bäumen zu Füßen legt, wären die gepflasterten Patios der andalusischen Gärten fast so streng und nüchtern wie die Kreuzgänge.
Im Mittelalter beeindruckte Damaskus die Pilger mit der Frische seiner von Wasserrinnen durchzogenen Gärten, deren Wasser von enormen Wasserrädern aus dem Fluß geschöpft wurde. Diese Baumgärten waren so dicht gepflanzt, daß sie im

Westen der Stadt einen natürlichen Schutz bildeten, der das Vordringen feindlicher Armeen behinderte. *Die Stadt ist bezaubern und reich, denn ihr Land ist Ackerland und so gut bebaut, wie es nur geht, voller Blumen und geeignet für Weideland. Sie wird durch Brunnen und künstliche Kanäle verschönert, die wunderbarer sind, als man sie sich vorstellen kann. In jedem Haus, in jeder Straße gibt es Wasserbecken oder quadratische oder runde Waschhäuser, schön gestaltet nach der Phantasie der Reichen.*

René von Anjou ließ die Gräben, Flüsse und Schwimmbecken seines Gartens in Angers vertiefen. Der Garten lag auf einer Höhe oberhalb der Mayenne, und um Wasser dorthin zu bringen, ließ der Prinz die Brüder Nicolas kommen, zwei ausländische Wasserbauer. Sie konnten diese Aufgabe nicht erfüllen, bei der auch ihre Nachfolger auf große Schwierigkeiten stießen.

Zu den typischen Elementen der mittelalterlichen Gärten gehören auch Tier- und Vogelkäfige. Schon die Landherren aus der Normandie, die Wilhelm den Eroberer begleiteten, besaßen Menagerien. In seinem Schloß Nucera in Palermo hielt der Stauferkaiser Friedrich II. Leoparden und andere Wildtiere. Der Pavillon im Moor von Hesdin enthielt eine Voliere. In den königlichen Gärten des Hotel Saint-Pol in Paris hatte Karl V. eine riesige Voliere für Papageien aufstellen lassen. Diese Vögel, die man auch auf verschiedenen Gemälden findet, zum Beispiel in dem Bild *Die Jungfrau mit Kanonikus Van der Paël* von Van Eyck, müssen im späten Mittelalter in Mode gewesen sein: Ludwig XI. schickte nach dem für ihn demütigenden »Zwischenfall von Péronne« jemanden los, um alle dressierten Papageien und Elstern einzufangen, denen die Pariser zum Spott beigebracht hatten, »Péronne« zu sagen. Er hatte sicherlich keine Schwierigkeiten, all diese Vögel unterzubringen, denn er hatte in den Gärten von Plessis-lez-Tours und Amboise riesige Volieren anbringen lassen, in denen alle möglichen Sorten von Vögeln lebten. Ludwig XI. liebte Tiere, besonders Hunde und Vögel, und dieser König, der in Bezug auf seine Garderobe eher sparsam war, ließ Vögel für seine Volieren zu hunderten kaufen. Er bezahlte besondere Wächter für seine hunderten von Grünfinken, Buntfinken, Grünlinge, Silberreiher, Buchfinken, Zwerghähne, Wachteln, Rebhühner, Möwen, Käuzchen usw. Hierin scheint er den Regeln von Petrus de Crescentiis gefolgt zu sein, der empfiehlt, Käfige »so groß wie Häuser« zu bauen empfiehlt, »die ein Dach und

Das Wasser im Löwenbrunnen der Alhambra gibt dem Innenhof seinen besonderen Zauber

Gitter aus feinem Blech haben, gut verbunden und geflochten. Dort soll es Fasane geben, Rebhühner, Nachtigallen, Amseln, Hänflinge, Buntfinken und anderere Zier- und Singvögel.« Der König hatte aus der Türkei exotische Vögel kommen lassen, so zum Beispiel Strauße, und aus Tunesien Falken. In seiner Menagerie konnte man die weißen Affen seheh, die ihm der König von Portugal geschenkt hatte. In der gleichen Tradition hielt René d'Anjou ebenfalls auf seinen verschiedenen Residenzen exotische Tiere. Er besaß eine reiche Sammlung von seltenen Tieren, Strauße, exotische Ziegen, Löwen und Kamele, selbst Elephanten. Weiße Affen streiften frei durch seine Gärten. Um diese kleine Welt zu versorgen, nahm der König maurische Diener in Anspruch, die in ihren heimatlichen Trachten gekleidet waren. Diese Sammlungen sind zweifelsohne der Vorläufer unserer zoologischen Gärten, ein erster Schritt zu einem Verständnis vom Garten als Einführung in die natürliche Umwelt anstatt als Ausdehnung des häuslichen Bereichs in grünende Säle. In Renés Park »Baumettes« gehörten die Tiere mit ihren im Park versteuten Hütten zur Gestaltung des Gartens als Landschaft.

Als er nach Angers umzog, hatte René d'Anjou ein hügeliges Gelände oderhalb der Maine ausgewählt, um dort einen Garten um eine Grotte herum zu schaffen, die an die Grotte in den Bergen von Sainte-Baume erinnerte, wo Maria Magdalena gelebt haben sollte. Er nannte die Grotte daher »la Baumette« und ließ dort eine Kapelle mit Fresken und Sinnsprüchen einrichten. Mit Blick auf den hügeligen Charakter hatte René d'Anjou auf dem leicht geneigten Gelände einen Park von weniger monotonem Grundriß geplant als die Schachbrettmuster der ersten mittelalterlichen Hofgärten. Als begeisterter Pflanzenfreund hatte dieser große Herr sich selbst mit den Pflanzungen befaßt. Er hatte auch Bogengänge, Pavillons

Adelige Dame mit einem Falken

Viele Herrscher waren leidenschaftliche Jäger

und Galerien errichten lassen. Dieser Park markiert eine allgemeine Weiterentwicklung der Gärten am Ende des Mittelalters, die vielleicht mit der anderen großen Gruppe von mittelalterlichen Gärten zusammenhängt, den Jagdgehegen. Natürlich steht der Besitz von Wildkaninchengehegen und Falknereien, von Volieren mit Fasanen und Rebhühnern in direkter Beziehung zur Leidenschaft vieler Herrscher und Herren für die Jagd. Ludwig XI. war ein unverbesserlicher Jäger und konnte dem Vergnügen, den Wald nach Wild zu durchstreifen, kaum widerstehen. Plessis-lez-Tours war von wildreichen Wäldern umgeben, in denen es Hirsche, Hasen und Füchse gab.

Schon seit den Jagdgehegen des Perserkönigs Kyros am Ufer des Tigris gehen königlicher Garten und Jagdreserve oft Hand in Hand. Im Mittelalter waren die Jagdgebiete oft durch hohe Mauern abgeschlossen, die das Wild an der Flucht hinderten.

Im königlichen Jagdschloß von Vincennes bei Paris enthielt der Park einen schönen Wald. Der Bericht einer Gesandtschaft aus Florenz zu Ludwig XI. beschreibt ihn im Jahr 1461 folgendermaßen: Der Besitz ist *in seinem inneren in mehrere Teile aufgeteilt, um auf einer Seite die Wildschweine mit ihren drohenden Hauern, auf der anderen Seite die scheuen Rehe, die Hirsche mit großem Geweih zu halten, wieder an einer anderen Stelle die schnellen Hasen und die wilden Ziegen. Man findet hier auch eine solche Menge von Kaninchen, daß man manchmal mehrere tausend beisammen sieht. So wird man in diesem Wald alle Freuden der Jagd finden.*

Wie Vincennes besaßen die Anwesen von Hesdin und Lésignans Parks mit hohen, geschlossenen Mauern. Petrus de Crescentiis empfahl, im Norden des Parks eine Wald von verschiedenen Arten anzulegen, wohin die Tiere fliehen und sich zurückziehen können.« Hier entstehen die ersten Vorboten eines Gartentypus, der die Natur zum Vorbild nimmt und der seine Vollendung in den Landschaftsgärten des 19. Jahrhunderts fand.

Die Gärten der »kleinen und mittleren Leute«

Neben den Parks für das Vergnügen der Herrscher unterscheidet Petrus de Crescentiis die kleinen Gärten und die Gärten für mittlere Personen. Während er für die Reichen eine Fläche von mindestens zwanzig Morgen vorschreibt, empfahl er für mittlere Personen ein Landstück von zwei oder drei Morgen oder etwas mehr. Dabei scheinen sich die sozialen Unterschiede mehr in der Größe der Gärten als in ihrer Einrichtung niederzuschlagen.

Wenn man die mittelalterliche Kunst nach Gärten durchsucht, ist man erstaunt zu sehen, wie wenig es davon in der ländlichen Landschaft gibt. Selbst die detailgenauesten Maler wieVan Eyck oder Breughel zeigen niemals um die Hütten der Bauern herum das kleinste Beet mit Kohl oder Lauch, so daß man fast die Existenz von Gärten auf dem Land bezweifeln könnte. Der hochmittelalterliche *Roman de Renart* zeigt uns jedoch Häuser, die von einer mit Kohl bepflanzten Umfriedung flankiert werden. »Messiere Constant de Noes, ein reicher Bauer, blieb ganz nah an der Umfriedung. Das Haus war gut versorgt. Mit Hühnern und Kapaunen hatte er sein Haus gut ausgestattet, es gab alles: gepökeltes Fleisch, Schinken und eine Speckseite, der Bauer hatte genug Weizen, es ging ihm sehr gut, denn in seinem Garten gab es reichlich Kirschen, Äpfel und Früchte aller Art. Dorthin geht der Fuchs mit Vergnügen. Der kleine Hof war mit spitzen Pflöcken gut verschlossen und dazu mit einer Weißdornhecke umgeben.«

Der Garten gehörte zum Grundstück des Bauern. Sein Haus füllte nicht den ganzen Platz aus, den Rest bildeten der Hof, der Gemüse- und Obstgarten. Je nach Gegend variieren die Namen und die Dimensionen dieser kleinen Höfe. Wenn ein Fluß oder Bach am Grundstück entlangläuft, liegt der Garten an dessen Ufer, denn das Wasser spielt eine wichtige Rolle im Gartenbau. Im Mittelalter gibt es auf dem Land zahlreiche Wassermühlen mit verschiedenen Aufgaben. Um sie herum erstrecken sich oft Gärten, was zu Konflikten über den Wasserbedarf des Müllers und der Gärtner führen kann. In den Städten bildet der Lauf der Flüsse und Bäche ein fein verästeltes Netz, das sorgfältig von den verschiedenen Handwerksbetrieben genutzt wird: Gerber, Färber, Weber, Getreidemühlen, Ölmühlen, später auch Papiermühlen liegen an den Ufern.

Die Gärten tragen dazu bei, diese Arbeiter und Handwerker zu ernähren, und gehören zum Versorgungssystem der Städte. An den Flüssen bilden sich oft »schwimmende Gärten«, weil das Schwemmland fruchbar und leicht zu bewässern ist. Darüber hinaus ermöglicht der Fluß den Transport der Gartenfrüchte mit dem Boot in die nahegelegene Stadt. So entsteht um St. Omer, Zentrum der Weberei im französischen Norden, im 11. und 12. Jahrhundert ein breiter Gürtel von Gartenparzellen zur Versorgung der Stadt. Um Colmar herum lagen die Gemüsegärten entlang der Ill, und die Waren wurden auf Booten mit flachem Boden bis zu den Markthallen am Ufer des Flusses gebracht. Ein Idyll aus schwimmenden Gärten kann man heute noch in Amiens bewundern.

In Paris wurden die Feuchtgebiete im alten Bett der Seine trockengelegt und in Gemüsegärten verwandelt. Das heutige Stadtviertel Marais hat seinen Namen von

Ernte

dem früheren Sumpfgebiet und war Gartengebiet. Um St. Denis herum gab es ebenfalls viele Gärten, und beim Bau des Fußballstadions für die Weltmeisterschaft 1998 fanden die Archäologen Spuren eines mittelalterlichen Gartens.

Die mittelalterlichen Städte sind niemals abgeschnitten von ihrer Umgebung; oft besitzen die Stadtbürger ein kleines Stück Land in der Gegend, ein paar Weinstöcke, die sie täglich versorgen. In seinem Tagebuch schreibt ein Bürger von Paris 1417, die Furcht vor den Burgundern, die Paris belagerten, sei so groß gewesen, »daß es niemand wagte, seine Weinernte außerhalb von Paris einzubringen, weder durch das Tor von Saint-Jacques noch nach Châtillon, Bagneux, Fontenay, Vanves, Issy, Monrouge«. Die Eigentümer solcher Grundstücke am Rande der Stadt können aus ganz unterschiedlichen Verhältnissen kommen. Ihr Garten ist für sie ein Ort der Entspannung, doch vor allem ergänzt er die Versorgung der ganzen Familie mit Gemüse.

Wie sich am Fuße der Schloßmauern der Garten erstreckt, so bilden um die Stadtmauern herum in den Vorstädten Häuser und Gärten einen Gürtel des Gemüseanbaus. Und wie die Arbeiter und Handwerker immer ein wenig bäuerlich bleiben, bleibt die mittelalterliche Stadt immer ein wenig ländlich. Es verschwimmt daher die Grenze zwischen den Gartenbereichen der Vorstädte und dem Land, das erst da beginnt, wo die Schachbrettmuster der Gärten verschwinden. In den Städteansichten des 15. Jahrhunderts kann man es oft gut erkennen: Rund um die Mauern der Stadt liegen kleine Häuschen, jedes mit einem eigenen Garten, in dem Wege regelmäßige Quadrate abteilen.

Selbst neue Städte wie das 1284 gegründete Bastide de Montpazier im Perigord haben ihren grünen Gürtel. Wenn man eine neue Stadt gründet, werden gleich drei

Arten von Grundstücken eingeplant: einige, die bebaut werden sollen, andere für Gärten und wieder andere für Weizen- und Weinanbau. In einigen kleineren Städten, wie in Châteauneuf-en-Auxois, haben sich im Umland ummauerte Gärtnereien erhalten. So gibt die mittelalterliche Kunst die ökonomische Wirklichkeit wieder, wenn sie die Stadt zeigt, wie sie das Land um sich herum beherrscht. Die Stadt ist vor allem ein Marktplatz, der Waren aus den anliegenden Landstrichen anzieht, die sie ernähren müssen, und das Netz von Wasserstraßen dient dazu, alle diese Vorräte hineinfließen zu lassen.

In der Stadt selbst sind die Gärten zahlreich, oft mit einem Brunnen ausgestattet, wie die Grundbücher bezeugen, und möglichst in der Nähe einer Gelegenheit, sich mit Mist oder Schlamm zu versorgen. Neben den vielfältigen religiösen Orden, die sich im späten Mittelalter in den Städten ansiedeln und dort ihre Nutzgärten haben, hat der Bischofspalast, der oft um einen Innenhof gebaut ist, einen Garten. Der Papstpalast in Avignon öffnet sich nach allen Seiten auf Gärten hin. Seit dem Einzug von adeligen Familien in die Stadt im 14. Jahrhundert bildet sich die klassische Anordnung der Stadtvilla zwischen Vorhof und Garten aus.

Die Rolle der Gärten variiert nach dem Alter der Stadtviertel und nach den Epochen. Sie hängt ganz sicher von der Bevölkerungsdichte ab. Nach der großen Pest von 1348 verfallen in den entvölkerten Städten viele Häuser und Stadtviertel und werden in Gärten umgewandelt. In den alten, befestigten Städten, die dicht in ihre Mauern hineingebaut sind, ist ein Garten ein Luxus. Viele Haushalte müssen sich mit ein paar Blumentöpfen auf dem Fensterbrett begnügen. In Italien scheinen die Blumentöpfe übrigens weit verbreitet gewesen zu sein. Man sieht sie auf verschiedenen Gemälden, so auf dem Fresko von Fra Angelico, das Szenen aus dem Leben Christi darstellt. Die Töpfe sind hier Teil der Architektur und krönen Pfeiler oder Säulen, sie haben manchmal die Form von Krügen von etwa 40 cm Durchmesser und 15 cm Höhe und sind mit Hängepflanzen gefüllt. Größere Töpfe dieser Art sieht man auf den Gärten, die Giusto Utens für die Medici gemalt hat.

In neuen Stadtvierteln scheinen die Gärten größer. Oft umschließen die Mauern große, unbebaute Plätze, Gärten, aber auch Obstbäume und sogar kleine Wiesen oder Felder. Die Stadthäuser, die zur Straße hin eine ununterbrochene Folge von Fassaden bilden, verbergen nach hinten Gärten, deren Mauern so etwas wie einen Brutkasten bilden. Nicht selten halten die Stadtbürger auch Tiere: Geflügel und sogar Schweine. In Paris hatte das Kloster von Saint-Antoine (heute ein Krankenhaus) das Vorrecht, seine Schweine frei herumlaufen zu lassen, damit sie den Müll fressen konnten. In seinem Tagebuch notiert ein Stadtbürger von Paris im April 1421, daß die Bewohner die Reste ihres Wintervorrats an Pflaumen und Äpfeln für die Schweine auf die Straße warfen, daß aber die Hungersnot so groß war, daß die Armen sie aufsammelten. In der Stadt Paris gibt es zahlreiche Gärten, und die späten Fröste im April 1435 zerstören nicht nur die Feigenbäume, sondern auch die an Spalieren gezogenen Weinreben. Die Stadtvillen der Bischöfe von Reims und Rodez waren von Gärten umgeben. Ende des 15. Jahrhunderts wuchsen Kirschbäume im Garten des Hôtel de Taranne. Um diese Zeit gab es in Paris Gärten von der Größe einiger Quadratmeter bis zu einer Fläche von 5000 Quadratmetern.

Der Inhalt der kleinen Gärten

Während in der Stadt der Garten fast immer von einer Mauer umgeben ist, können die Gärten auf dem Land auch von einer Hecke eingefaßt sein, in der sich Haselsträucher, Vogelbeeren, Weißdorn und alle Pflanzen unserer Wildhecken mischen. Manchmal sind diese Hecken noch von einer Palissade aus in den Boden gerammten Pfählen umgeben, oder es gibt ein großes Flechtwerk aus allen Arten von biegsamem Holz: Weide, Rohr, Hasel wird zwischen Pflöcke geflochten, eine Technik die der Korbflechterei ähnelt und die man auch für die Unterkünfte der Tiere benutzte. Unser Wort »Wand« kommt übrigens von »winden«, also von Wänden aus miteinander verwundenen Ruten.

Im späten Mittelalter geben die Kochbücher bessere Auskunft über die Gemüse, die der gemeine Mann aß und die daher in weltlichen Gemüsegärten gezogen wurden. Wie die Vorurteile der Gesellschaft dazu führte, daß die Reichen Wurzeln und Pflanzen, die am Boden wachsen, verachteten, so brachte sie sie auch dazu, Fleisch, das als heiß und kräftigend galt, dem Gemüse vorzuziehen, das als kalt, feucht und wenig nahrhaft galt.

Die Kochbücher des 14. und 15. Jahrhunderts bestätigen diese Vorliebe: Von den erwähnten Gerichten sind nur 2,4 % Gemüserezepte. Hauptnahrungsmittel waren

Brot und Fleisch. Die Rechnungsbücher zeigen ebenfalls, daß die Reichen fast kein Gemüse kaufen: Grillhähnchen und Wildbrett aller Art – Fisch, Pasteten, süßes Gebäck und Kuchen, Weißbrot gelten als Luxusspeisen. Während der Feste schneidet der Knappe, der damit beauftragt ist, riesige Scheiben Brot ab, auf die man Fleischstücke vom Spieß legt. An der Tafel eines Herren vorzulegen, war eine Ehre und eine Kunst, denn man muß jedem Gast nach seiner Aufgabe und seinem Rang zuteilen. Man ist hier weit entfernt von der Genügsamkeit der Mönche.

Pastinak, Knoblauch, Zwiebeln, Radieschen, Weiße Rüben und Karotten (die erst im 14. Jahrhundert dazukommen) sind das Los der einfachen Leute. Das erklärt, warum im *Ménagier de Paris*, einem Kochbuch für die Schicht der Bürger, der Anteil an Gemüserezepten höher ist als in den Büchern für den Adel. Sie sind hier zum großen Teil in der Rubrik »einfache Suppen« zu finden. Die Rezepte für Erbsen- und Bohnensuppe nehmen hier viel Platz ein und sind sehr genau und kleinschrittig angegeben. Die anderen Suppen heißen »Porées«, wie der Lauch. Außer den Erbsen und Bohnen, die auf Feldern angebaut werden, sind die häufigsten Pflanzen in mittelalterlichen Gärten anscheinend Knoblauch und Kohl.

Ratschläge für den Gartenbau wie im *Ménagier de Paris* und Küchenrezepte erlauben genauere Vorstellungen, was die Gärten der Bürger am Ende des 14. Jahrhunderts enthielten. Doch sie sind nicht die einzigen Quellen. Die Inventarlisten, die bei

Ein großer Flechtzaun aus biegsamem Holz umgibt die Gärten auf dem Land

Abschluß eines Mietvertrags aufgesetzt wurden, geben direkten Aufschluß über den Inhalt der Gärten. Wenn ein Garten vermietet wurde, legte der Notar eine genaue Liste des Inhalts an, um den Besitzer vor möglichen Beschädigungen zu schützen. In einer solchen Liste aus Aix-en-Provence vom November 1445 finden sich Bienenstöcke. Bei den Klostergärten wurde schon auf die Bedeutung des Honigs und des Wachses im Alltag hingewiesen. Beides war sicherlich auch im weltlichen Leben wichtig, nicht nur weil man Kerzen benutzte und Feingebäck anfertigte, sondern auch um Konfitüren herzustellen: eine Konservierungstechnik, die zum Einsalzen und zum Trocknen hinzukommt. Der *Ménagier* gibt daher Anweisungen, wie man in Honig grüne Walnüsse, Weiße Rüben, Karotten, bittere Birnen, Flaschenkürbisse, Pfirsiche sowie die Wurzeln von Petersilie und Fenchel einlegt. Im Garten steht außerdem eine Hütte für die Werkzeuge. Werkzeuge aus Metall waren kostbar. Die einzigen, vollständig aus Eisen gefertigt waren, waren Äxte, Hippen (die traditionellen Schlagmesser) und Sicheln, die man zum Beschneiden der Bäume oder zum Grasmähen benutzte. Die anderen Werkzeuge wie Mistgabeln und Rechen waren aus Holz, während Spaten und Hacken aus Holz mit einer Eisenplatte verkleidet waren. Körbe, die man selbst flocht, waren weit verbreitet, man gebrauchte sie zur Ernte, aber auch um junge Bäume anzuziehen, bevor man sie an ihren Bestimmungsort setzte. Deshalb stehen auf der Inventarliste des Gartens Rohrpflanzen und Weiden, praktisch für die Korbflechterei, aber auch als Stütze oder zum Festbinden von Spalierobst.

An der Tafel eines Herren vorzulegen war eine Ehre und eine Kunst

Die Liste von 1445 sowie eine weitere aus derselben Stadt von 1426 zeigen, daß die Pflanzen wie bei den Mönchen in Beete gesetzt werden. Am wichtigsten ist hier der Gemüseanbau: Beide Gärten enthalten Knoblauch, Petersilie, Bohnen, Lauch, Spinat, Pastinak, Borretsch, Kopfsalate und Zwiebeln. Das Gemüse, das überwiegt, ist der Kohl. Es gibt verschiedene Sorten davon, die so gepflanzt werden, daß man sie nacheinander ernten kann. Für die einfachen Leute wie für die Mönche überwiegt der Kohl auch bei der Ernährung. Der *Ménagier de Paris* gibt daher zahlreiche und genaue Anweisungen zu seiner Zubereitung. Er erklärt auch genau, wie man Weißkohl, Spitzkohl, Grünkohl und Mangold anbaut.

Eine andere wichtige Pflanze auf beiden Inventarlisten ist der Knoblauch. In einem der beiden Gärten nimmt er gleich mehrere Beete ein. Tatsächlich ist er eins der am meisten verwendeten Gemüse des Mittelalters. Er wird für seine medizinsche Wirkung gelobt, aber auch in der Küche gebraucht. Man zerreibt ihn normalerweise im Mörser zusammen mit Brotstückchen und saurem Traubensaft, um eine Knoblauchsoße herzustellen, die von den Kreuzfahrer so sehr geschätzt wurde, daß die Bewohner von Konstantinopel angeblich unangenehm berührt waren, weil die ankommenden Franzosen so nach Knoblauch rochen.

Vieles von dem, was in der Küche zubereitet wurde, stammte aus dem eigenen Garten

Im Hinblick auf die vielen leeren Beete und die Zeit, um die die Inventarliste angelegt wurde (November), ist anzunehmen, daß nur die Wintergemüse aufgezählt wurden. Es ist daher nicht verwunderlich, daß hier keine Melonen und Flaschenkürbisse erscheinen, die nur im Sommer wachsen. Dagegen scheint es überraschend, daß keine Früherbsen auf der Liste stehen, die man in Südfrankreich im September sät, um im Frühling zu ernten. Es fehlen auch die Stauden und mehrjährigen Kräuter wie Salbei, Majoran, Ysop, Sauerampfer oder Estragon. Diese Pflanzen kommen aber im *Ménagier de Paris* vor. Beim Vergleich der beiden Listen mit dem *Ménagier* wird deutlich, daß dieser sehr viel abwechslungsreichere Pflanzungen vorschlägt.

Der *Ménagier de Paris* wurde von einem Bürger für seine junge Ehefrau geschrieben und bildet eine Art Handbuch der Hauswirtschaft, mit Rezepten und einem Kapitel Anweisungen für den Unterhalt eines Gartens. Abgesehen vom Knoblauch, der im *Ménagier* nicht vorkommt, ist seine Liste reichhaltiger als die der beiden Gärten in Aix-en-Provence. Er zählt dieselben Gemüsesorten auf, aber darüber hinaus noch den Flaschenkürbis, Erbsen und Mangold. Er spricht auch von Beerenfrüchten wie Himbeeren und Johannisbeeren, und von Kräutern: Minze, Majoran, Ysop, Moskatellersalbei, Salbei, Sauerampfer, Bohnenkraut und Basilikum. Er pflanzt auch Rosmarin an, das man in der Provence nicht in Beete pflanzen muß, weil es in der Heidelandschaft der Garrigues wächst. In Paris dagegen muß man es durch Steckreiser vermehren, weil die Samen nicht aufgehen, erklärt der *Ménagier*.

Hervorheben sollte man, daß im Garten des *Ménagier* auch Blumen wachsen: Veilchen, Nelken, Lilien, Mohn, Schlangenwurz, Pfingstrosen und besonders Lavendel, der auch in den Gärten Karls V. wuchs. Es gab auch Rosenstöcke, und mehrere Rezepte erklären, wie man Rosenwasser ohne Destillierkolben gewinnt.

Diese so vollständige Aufzählung hat ihren Ursprung vielleicht im Ideal der Selbstversorgung, das nicht nur die Klostergärten, sondern auch die weltliche Gesellschaft bis ins späte Mittelalter prägte. Außerdem führten die Schwierigkeiten beim

Gartenarbeit gehört zur Hauswirtschaft

Transport dazu, daß viele Pflanzen bis an die Grenze ihrer Klimazone angebaut wurden. Daher wurden in Breiten, wo man sie heute nicht mehr sieht, nicht nur Wein, sondern auch Feigen- und Mandelbäume angepflanzt, von denen das Tagebuch eines Pariser Bürgers uns berichtet, daß sie 1435 erfroren sind. Darüber hinaus erklärt vielleicht der Charakter eines Lehrbuchs, das alle möglichen Pflanzungen vorstellt, warum der *Ménagier* viel mehr Pflanzen vorstellt, als anderswo in Wirklichkeit angepflanzt wurden.

Man muß auch bedenken, daß die beiden Gärten, die vermietet wurden, für den Markt produzierten und sich daher im Interesse der Wirtschaftlichkeit spezialisieren mußten. Die Pflanzen, die man in den beiden Gärten aus Aix findet, entsprechen schließlich ziemlich genau den Waren, für die das Tagebuch eines Pariser Bürgers die Preise in Zeiten von extremem Mangel oder Überfluß aufzeigt, besonders was die Bäume in einem der beiden Gärten betrifft: Pfirsichbäume mit weichen und harten Früchten, Birnbäume, Apfelbäume, Granatapfelbäume, Sauerkirschen, Walnußbäume und Haselbüsche.

So zeichnet sich ein Bild ab, das uns bekannt vorkommt, ein städtischer Garten, den eine Wand aus Holz oder Stein umschließt, an der sich Wein emporrankt. Außer den Kräutern, die man in rauhen Mengen inder Küche benutzt, werden Kohl, einige Gemüse und für das Auge ein paar Blumen angepflanzt: ein Bild, das unseren Bauerngärten ähnelt, wo man sich, wie im Mittelalter, bemüht, das Angenehme mit dem Nützlichen zu verbinden.

Nach den mittelalterlichen Gärten

Mittelalterliche Wurzeln

Abgesehen von den Spuren im Boden, die nur Historiker und Archäologen deuten können, ist von den mittelalterlichen Gärten nichts übriggeblieben. Das heißt jedoch nicht, daß sie keine Rolle in der Entwicklung der Gärten gespielt haben. Das Mittelalter ist die Zeit, in der die abendländische Kultur entstanden ist, es hat auch die Sicht auf den Garten geprägt.

Selbst wenn die Gärten der Renaissance größer, zahlreicher, aufsehenerregender und majestätischer waren als die des Mittelalters, so waren sie doch nicht ohne Vorläufer, kamen nicht aus dem Nichts. Das, was ihren Charakter ausmacht: ihre Architektur, die Öffnung zur Landschaft, die neue Aufmerksamkeit gegenüber der Natur, ist schon im Mittelalter grundgelegt worden. Zwischen mittelalterlichen Gärten und denen der Renaissance gibt es keinen Bruch, sondern eine Entwicklung, wie im Bereich der Kultur und der Religion.

Das Erbe der Klostergärten

Gegen Ende des Mittelalters gerät das Ordensleben in eine Krise, doch die Tradition der Klostergärten bleibt Jahrhunderte hindurch lebendig. Die Klöster behalten noch lange ihre Kräutergärten. Trotz der kirchlichen Verbote haben Mönche weiterhin Medizin und Heilpflanzenkunde betrieben. Der Dichter Rabelais zum Beispiel war Kleriker; und er brachte von eine Reise in den Vatikan eine neue Sorte von Kopfsalat mit. Der Dichter und Humanist Pierre de Ronsard war nur in den Orden eingetreten, um eine kirchliche Rente zu erhalten, doch zumindest respektierte er die mönchische Tradition der Gartenarbeit. In seiner Propstei Saint-Cosme hatte er einen freundlichen Garten eingerichtet. Liebevoll zog er hier Birnen, Pfirsiche, Pflaumen, Artischocken, Salat, Spargel und Melonen, und außerdem:

die wilde Lilie, Rose und Nelke,
rote Ringelblume, duftenden Feldthymian,
die schöne Gladiole und die hohen Glockenblumen,
die weiße Margeritte mit den Blättern wie kleine Eispickel,
der Goldlack und der Fuchsschwanz,
die Narzisse, die nur zwei Tage lang blüht.

Darüber hinaus haben Kirchen und Klöster viel für den Fortschritt des Gartenbaus getan. Die besten Exemplare wurden durch Pfropfen vermehrt und von einem Kloster zum anderen weitergegeben. Wenn Mönche aus ihrem Kloster auszogen, um ein neues zu gründen, nahmen sie als Ausrüstung Pfropf- und Steckreiser sowie Samen mit, mit denen sie in der neuen Ansiedlung sofort wieder einen Garten anlegen konnten. Auch wenn Mönche Reisen in weit entfernte Klöster unternahmen, zum Beispiel um am Generalkapitel des Ordens teilzunehmen oder seltene Handschriften abzuschreiben, nutzten sie oft die Gelegenheit, auf dem Weg die besten Sorten von Obst und Gemüse auszutauschen oder mitzunehmen. So ist die Apfelsorte »Graue Französische Renette« vom Kloster Morimond in den Ardennen nach Kloster Kamp in Kamp-Lintfort am Niederrhein gekommen und hat sich von dort bis nach Schlesien weiterverbreitet. Die Äpfel von Borsdorf in Sachsen (»Borsdorfer«) sind auf dieselbe Weise nach Frankreich gekommen.

Einem portugiesischen Mönch ist die Einführung der Gartenbohne aus Amerika zu verdanken. Pietro Valeriano, ein italienischer Chorherr, bekam einige Samen der Pflanze von Papst Clemens VII. geschenkt. Er zog sie in Töpfen an und konnte Herzog Alessandro de Medici davon überzeugen, sie anbauen zu lassen. So kam Maria de Medici als Gemahlin Heinrichs IV. mit einem Sack voll Bohnen im Gepäck nach Frankreich. Der Anbau breitete sich aus, und es entstanden Unterarten. Im Südwesten führten die Mönche die »haricots tarbais«, eine große Bohnenart, ein, die heute als begehrte Spezialität von Tarbes gilt. Die Karmeliter haben die Kartoffel in Spanien eingeführt, und die Kartäuser in Belgien. Mönche verbreiteten auch viele andere Heil- oder Zierpflanzen in Europa. Als die eng-lischen Klöster durch Heinrich VIII. aufgelöst wurden, brachten die Mönche, die auf dem Festland Schutz suchten, neue Pflanzen mit. Viele exotische Pflanzen wurden von Missionaren eingeführt, besonders aus China, einem Land, das dem Westen lange Zeit verschlossen blieb und wo nur einige Missionare Eintritt fanden, besonders Jesuiten. Französische Missionare versorgten den botanischen Garten in Paris, den *Jardin de Plantes,* mit Exemplaren bisher unbekannter Pflanzen, so der Pater Feuillée, der die Kartoffelblume entdeckte, außerdem die Patres d'Incarville, David, Delavay und Farges.

Die Mönche versuchten, die angepflanzten Sorten zu verbessern. Walahfrid Strabo bemerkt, daß die Wildpflanzen sich verschönern, wenn sie in den Klöstern angebaut werden. Wahrscheinlich wandten die Mönche dieselbe Methode an, die der Botaniker Olivier de Serres im 17. Jahrhundert empfahl: Sie säten immer nur die Kerne der besten und schönsten Früchte wieder aus. Die Klostergärten wurden so zu einem Hort der besten Varianten einer Sorte. Übrigens gibt es viele Beispiele für Obstsorten, die in Klöster gezüchtet wurden, so die Pfirsichsorte Triumph, die im Kloster Saint-Laurent in Lüttich entstand. Ebenfalls aus Belgien stammt die Birnensorte »Arenberg«, nämlich aus dem Waisenheim von Enghien, und die Birne Winterbergamotte stammt aus dem Kapuzinerkloster von Löwen.

Birne Arenberg

Im 17. Jahrhundert veröffentlichte Nicolas de Bonnefons ein Buch über die »Wonne des Landlebens«, *Le Délice des campagnes*, dessen zweiter Teil von Wurzeln handelt. Diesen Teil widmete er den Kapuzinern, »weil sie sich mit sehr viel mehr wissenschaftlichem Interesse dem Gartenbau widmen als die anderen Orden«. Er wußte, daß die Orden dank ihrer Bildung und weil sie für wenig Geld viele Menschen ernähren mußten, den Fortschritt bei neuen Gemüsesorten und ihrem Anbau vorantrieben. Die Klostergärten dienten daher auch als Vorbild für die großen Nutzgärten der Adeligen, die sich seit dem 17. Jahrhundert entwickelten. Die Ähnlichkeit in der Anlage der Gärten springt sofort ins Auge, wenn man die Pläne aus dem *Monasticon gallicanum* mit denen weltlicher Anlagen vergleicht. Das lebhafte französische Interesse an Nutzgärten schon seit den Zeiten von Olivier de Serres und La Quintinie geht sicher auch auf die Klostertradition des Landes zurück.

Leonhart Fuchs

Racine hat in seinen Versen den Reichtum der Gärten von Port-Royal verewigt, die damals ein Freund von La Quintinie versorgte, Arnaud d'Andilly. Dieser verfaßte unter dem Pseudonym »Abbé Legendre« ein vielgelesenes Werk über die Kultur von Obstbäumen und züchtete eine Pfirsichsorte, die »Blanche d'Andilly«.

Als die strenge Aufteilung der französischen Gärten zugunsten der englischen Landschaftsgärten aufgegeben wurde, überlebte der nüchterne, strenge Stil der in Quadrate aufgeteilten Beete mit Begrenzungen aus Buchsbaum im Bauerngarten, der so über Jahrhunderte hinweg auf die Klostergärten zurückgeht.

Die Klostergärten lebten in Frankreich bis zur französischen Revolution weiter. Die Kartäuser kultivierten in Paris 90 verschiedene Obstsorten in einem Garten, der 27 Hektar im Süden der Stadt einnahm. Der Nationalkonvent befahl bei der Aufhebung des Klosters, zwei Exemplare von jeder Sorte ins Naturkundemuseum zu geben, das damit eine bedeutende Sammlung beginnen konnte.

Die Mönche konnten bei der Auslese der Pflanzen oft auf eine hervorragende wissenschaftliche Ausbildung zurückgreifen, was ihren bedeutenden Beitrag zur Botanik erklärt. So war der Paulanermönch Charles Plumier Botaniker im Dienst Ludwigs XIV. und Spezialist für amerikanische Pflanzen. Auf ihn geht der Brauch zurück, Pflanzen nach den latinisierten Namen großer Gelehrter oder Naturkundler zu benennen. Er benannte z. B. die von ihm entdeckte Fuchsie nach dem berühmten Arzt und Botaniker Leonhart Fuchs. Auf keinen Fall sollte man natürlich den Augustinermönch Gregor Mendel vergessen, dessen Beobachtungen an Erbsenpflanzen die Grundlagen der modernen Genetik schufen.

Von den Gärten des Mittelalters zu den französischen Gärten

Zwischen dem vergangenen Luxus der Gärten des Altertums und dem immer noch sichtbaren Prunk der Renaissancegärten sitzen die mittelalterlichen Gärten zwischen den Stühlen, als seien sie eine Verirrung der Gartengeschichte gewesen. Es gibt weit mehr Bücher über die Gärten der Renaissance als über die des Mittelalters, die daneben ein wenig wie die armen Verwandten aussehen. Dies liegt natürlich auch daran, daß von den Renaissancegärten zu einer recht großen Zahl noch gut erhalten sind, ganz zu schweigen von der wesentlich besseren Quellenlage. So beginnen einige Bücher der Geschichte der Gartenkunst direkt mit der Renaissance, ohne auf das Mittelalter einzugehen. In dieselbe Richtung gehen Autoren, die den französischen Garten allein aus den italienischen Renaissancegärten herleiten wollen: Die französischen Gärten seien einfache Abwandlungen der italienischen Gärten in die Ebene, nur ohne die Öffnung auf die Landschaft hin.
Sicher, wenn man sich an das Bild hält, das die Miniaturen von den mittelalterlichen Gärten geben, so bezaubernd sie auch sein mögen, so scheinen diese Umfriedungen mit ihren melancholisch-kahlen Quadraten und ihrem einfachen Grundriß dem Gartenliebhaber wenig bieten zu können. Dennoch, selbst wenn nur wenig über sie bekannt ist, so waren der Park von Hesdin, die Mauergärten des Hôtel Saint-Pol und die Gärten Renés von Anjou schon Schöpfungen von anspruchsvoller Gestaltung. Daher könnten solche Gärten sehr wohl einen größeren Einfluß auf die Gartenkunst der Renaissance gehabt haben, als man auf den ersten Blick dächte.
In der Gartenkunst liegt der Beginn des neuen Stils zweifellos in Italien. Wie die jungen Leute aus Boccacios *Decamerone* von der pestverseuchten Stadt in einen zau-

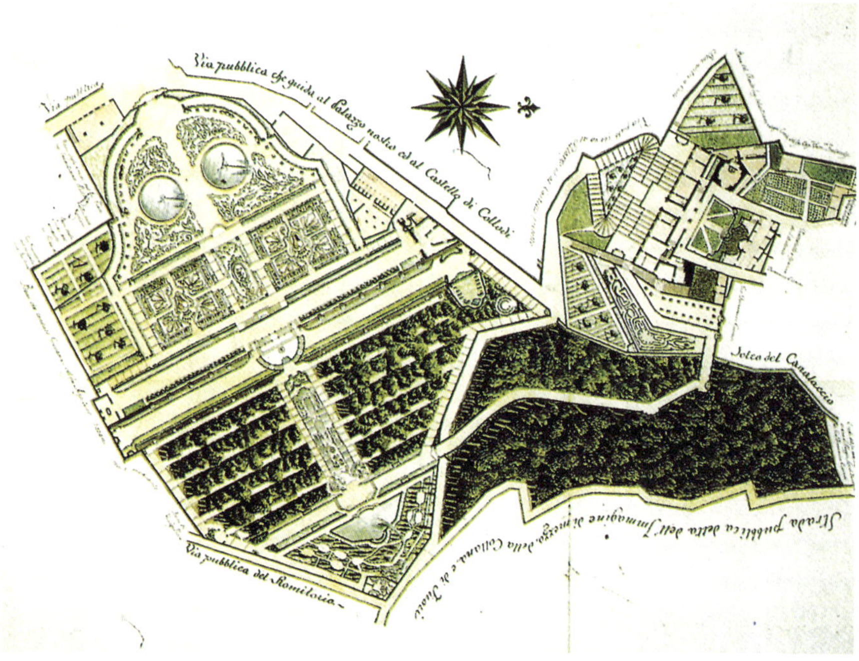

Italienische Renaissancegärten sind oft in Terrassen angelegt

berhaften Garten fliehen, so wird es bei den reichen Italienern des 15. Jahrhunderts zur Gewohnheit, auf ihren Landsitzen zu wohnen. Mit Bezug auf die antike Tradition der Landgüter nennen sie diese Häuser Villa. Die Renaissancegärten sind ganz auf die Ausblicke hin angeordnet, die sie auf die Landschaft öffnen, darin soll sich der Humanismus und die Offenheit der Menschen dieser Zeit spiegeln. Gerne werden sie in diesem Punkt den geschlossenen Gärten des Mittelalters gegenübergestellt, Spiegel einer rückschrittlichen, auf sich selbst bezogenen Welt. Während der mittelalterliche Garten nach innen schaut, sieht der Renaissancegarten nach außen.

Doch diese mittelalterliche Zurückgezogenheit muß man in Verbindung mit der Unsicherheit der Zeit sehen, sie ist vor allem der Wunsch, sich vom Rest der Welt abzusondern. Es geht nicht darum sich von der Natur zu isolieren, die als Gottes bewundernswerte Schöpfung angesehen wird, sondern von den anderen Menschen. In dieser Hinsicht sind die Renaissancegärten nicht Ausdruck eines neuen Naturgefühls, selbst wenn die Menschen der Zeit nach dem Vorbild antiker Dichter und Philosophen im Naturschauspiel eine Quelle der Inspiration sehen. Es ist die Geselligkeit der Menschen, die sich in der Renaissance ändert.

Cosimo de Medici liebte seinen Garten nicht als einsamen Rückzugsort, sondern als den Ort, um mit Freunden philosophische Gedanken und Plaudereien auszutauschen. Der Garten ist nicht mehr der Ort, an dem man sich im einsamen Zwiegespräch mit Gott oder der Geliebten trifft, sondern ein Ort der Geselligkeit. Unter diesem Gesichtspunkt sind der *Rosenroman* mit seinem Garten, in dem sich die jungen Leute treffen, um den Reigen zu tanzen, der Garten von Hesdin und die Empfänge des burgundischen Herzogs schon Vorläufer von Werken wie dem *Decamerone*, die den Garten zu einem Ort des Gesprächs unter Freunden machen, und so eine andere Sicht des Gartens zeigen.

Einer der berühmtesten Studenten der medizinischen Fakultät von Padua war Pietro Andrea Mattioli, Leibarzt Kaiser Maximilians II.

Ein grundsätzlicher Wandel besteht jedoch darin, daß der Garten in der Renaissance der Ort ist, wo man die Natur betrachtet, so wie sie ist, und nicht so, wie man denkt, daß Gott sie gewollt hat. Im Verhältnis zur mittelalterlichen Weltsicht ist dieser Wandel vielleicht einer der bedeutendsten und folgenreichsten: Es kann keinen echten Erkenntnisfortschritt geben, wenn man die Natur nicht beobachtet, um sie zu verstehen. Der Bruch zwischen mittelalterlichem und Renaissancegarten zeigt sich daher vielleicht am deutlichsten nicht in Grundriß und Benutzung der Gärten, sondern in der Schaffung eines neuen Gartentyps: des botanischen Gartens. Der erste botanische Garten entstand in der Mitte des 16. Jahrhunderts in Padua. Geschaffen, um zu beobachten und zu verstehen, ist dieser Garten Ausdruck einer Entwicklung, die der modernen Wissenschaft den Weg bereitet.

Doch wenn dies auch ein wichtiger Wendepunkt ist, so handelt es sich doch mehr um eine Entwicklung als um einen Umsturz. Als Teil der medizinischen Fakultät der Stadt Padua geht dieser Garten auf die Kräutergärten der Klöster zurück. Sein Grundriß erinnert darüber hinaus an die Symbolik der Schöpfungsgeschichte,

denn er ist in einem Kreis angelegt, den vier im Kreuz angelegte Wege in vier Abschnitte teilen, die den damals bekannten Kontinenten zugeordnet sind.
Dies zeigt, daß der Bruch in der Gartenkunst zwischen Mittelalter und Renaissance nicht so abrupt ist, wie ihn die Menschen der Renaissance empfanden. So ist oft geschrieben worden, die Änderungen in der Gartenkunst zeigten eine tiefe Harmonie zwischen dem Menschen der Renaissance und der Natur. Eine Harmonie wie in dem Satz des italienischen Humanisten Pico della Mirandola: »Nichts ist wunderbarer als der Mensch«. Sicher erscheinen Mauergärten und Klostergärten wie von der Welt abgeschnittene Umfriedungen, doch das heißt nicht, daß sie weniger »humanistisch« sind als die der Renaissance. Der Kreuzgang liegt, wie wir gesehen haben, im Mittelpunkt des Klosters, weil er den Menschen symbolisiert, Ebenbild Gottes und Mitte des Weltalls. So gesehen war keine Kultur humanistischer, menschenbezogener, als die des Mittelalters.
Wenn die Renaissancegärten nach außen blicken, so liegt das nicht daran, daß ihre Epoche humanistischer gewesen wäre als das Mittelalter, sonder weil sie einen anderen Humanismus pflegte. Wo der Kreuzgang einen nach innen gekehrten, spirituellen Humanismus verkörpert, der den Menschen in den Mittelpunkt des Weltalls stellt, zeigen die Renaissancegärten, daß man den Menschen nun als Teil der materiellen Welt sieht, daß man ihn in die Landschaft stellt, die ihn umgibt.

Pico de la Mirandola

Im 15. Jahrhundert hat die Erfindung der Druckkunst das Wissensmonopol der Geistlichen endgültig aufgebrochen. Gebildete Adelige und Bürger lesen nun antike Autoren und ahmen Cicero und Plinius in ihrer Liebe zum Garten nach; umso mehr als sie die Spuren der Antike noch deutlich vor ihren Augen liegen haben, die ihnen als Vorbild und Anregung dienen können. Antike Literatur, Kunst, Mythologie, Moral werden zu Vorbildern. Die Schriften des römischen Architekten Vitruv, im Mittelalter theoretischer Bezugspunkt, werden nun bei Bauten konkret umgesetzt.
In den Gärten voller Anspielungen auf die Antike nimmt man sich die Gärten von Tivoli und die Beschreibungen von Plinius und Cicero zum Vorbild. Man bevölkert sie mit Statuen aus den Ruinen, in denen man zu diesem Zweck Grabungen veranlaßt. In der *Hypnerotomachia Poliphili* von Francesco Colonna wurden im 15. Jahrhundert die Grundlagen zu dieser neuen Ästhetik gelegt. Das Buch erzählt in Form eines Traums die Liebesgeschichte von Poliphile und Polia in einem Garten auf der Insel Kythera. Unter dieser Allegorie wird der Garten, in dem sich die Liebenden treffen, genau beschrieben. Obelisken, Sträucher, die zu Figuren geschnitten sind, Springbrunnen, Pergolen, lateinische Inschriften und Säulengänge schmücken diesen traumhaften Ort. Und die Handlung gibt Anlaß zu zahlreichen Exkursen über die Gartenkunst.
Anstatt zu sagen, die Menschen der Renaissance hätten die Antike wiederentdeckt, sollte man lieber sagen, sie haben sich von Gewicht der Religion befreit, das auf

ihrem Denken lastete, dem Gewicht der Erbsünde und der Angst vor der Hölle. Die Menschen des Mittelalters hatten in der Erwartung – in der Hoffnung oder in der Angst – des Jüngsten Gerichts gelebt. Schon der Ablaßhandel hatte diese Vorstellung zum Teil unglaubwürdig gemacht, und die Reformation tat das Ihre dazu, daß die Menschen sich mehr dem irdischen Glück zuwandten. In gewisser Weise zeigen die Gärten der Renaissance, ihre Offenheit und ihr Aufwand, auch den Wunsch der Menschen nach einem zeitlichen Paradies, nach einem irdischen Glück ohne Schuldgefühle.

Dies erklärt auch die neue Aufmerksamkeit gegenüber der Natur. Man betrachtet sie nicht mehr, um dort Zeichen des göttlichen Willens zu finden, sonder für sich selbst. Daher werden die Darstellungen von Blumen und Pflanzen immer weniger stilisiert, immer genauer und detailfreudiger.

Die tiefempfundene Sinnenhaftigkeit der Renaissance und ihre Liebe zur Antike sind schließlich Zeichen dieses neuen Gefühls von Freiheit, das sie Menschen empfinden, nachdem sie die Last der Erbsünde abgeworfen haben.

Aus dieser Sicht verliert die Faszination der Renaissance für die Antike an Bedeutung. Sie ist nicht Grund, sondern eher Folge, eine Art Mode, die in der Lebensart der Eliten den höfischen Ehrenkodex ersetzt. Die Menschen bleiben durch und durch vom Christentum geprägt, auch ihre Gedanken- und Symbolwelt verändert sich nicht so schnell.

So gibt es selbst in den offensten italienischen Gärten einen *giardino secreto*, der alle Eigenschaften eines mittelalterlichen *hortus conclusus* bewahrt. Nah am Haus gelegen, enthält er einen Garten im Schachbrettmuster mit einem Brunnen und

Die Darstellungen von Blumen und Pflanzen werden immer weniger stilisiert, immer genauer und detailfreudiger

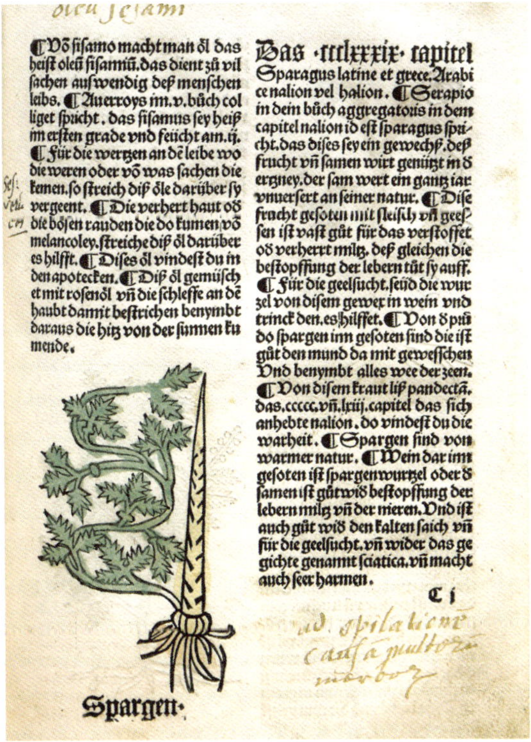

¶ Võ sisamo macht man öl das heist oleũ sisamiũ. das dient zů vil sachen auswendig deß menschen leibs. ¶ Auerroys im. v. bůch colliget spricht. das sisamus sey heiß im ersten grade vnd feücht am. ij. ¶ Für die wertzen an dẽ leibe wo die weren oder võ was sachen die kemen. so streich diß öle darüber sy vergeent. ¶ Die verhert haut od̃ die bösen rauden die do kumen võ melancoley. streiche diß öl darüber es hilfft. ¶ Dises öl vindest du in den apotecken. ¶ Diß öl gemüsch et mit rosenöl vñ die schleffe an dẽ haubt damit bestrichen benymbt daraus die hitz von der sinnen kumende.

Spargen.

Das ·cccclxxxix· capitel
Sparagus latine et grece. Arabice nalion vel halion. ¶ Serapio in dem bůch aggregatoris in dem capitel nalion id est sparagus spricht. das dises sey ein gewechß. deß frucht vñ samen wirt genützt in d̃ ertzney. der sam wert ein gantz iar vnuersert an seiner natur. ¶ Dise frucht gesoten mit fleisch vñ geessen ist vast gůt für das verstoffet od̃ verhertt miltz. deß gleichen die bestopffung der lebern tůt sy auff. ¶ Für die geelsucht. seüd die wurtzel von disem gewex in wein vnd trinck den. es hilffet. ¶ Von d̃ prũ do spargen inn gesoten sind die ist gůt den mund da mit gewesschen Vnd benymbt alles wee der zeen. ¶ Von disem kraut liß pandectã. das. ccccc. vñ. lxiij. capitel das sich anhebte nalion. do vindest du die warheit. ¶ Spargen sind von warmer natur. ¶ Wein dar inn gesoten ist spargenwurtzel oder d̃ samen ist gůt wid̃ bestopffung der lebern miltz vñ der nieren. Vnd ist auch gůt wid̃ den kalten saich vñ für die geelsucht. vñ wider das gegichte genannt sciatica. vñ macht auch seer harmen.

C i

Säulenumgänge ganz im Stil der mittelalterlichen Hofgärten. Ein schönes Beispiel davon sieht man auf dem Gemälde von Giusto Utens, das die Medici-Villa von Castello darstellt. Diese kleinen Gärten im Garten dienten dazu, sich von der Welt zurückzuziehen, genau wie die Klostergärten.

Die italienische Kunst hat die französische in dieser Epoche stark beeinflußt. Dennoch hat die französische Gartenkunst zahlreiche mittelalterliche Züge bewahrt.

Obwohl viele Gärten später umgestaltet worden sind, kann man einen guten Eindruck von den Gärten Frankreichs im 16. Jahrhundert aus dem Werkt von Androuet du Cerceau gewinnen. Insgesamt handelt es sich meistens um weite, offene Gelände, aufgeteilt in ein großes Muster, dessen gleichgroße Beete durch Wege abgeteilt werden, die im Prinzip gleich breit und gleich wichtig sind. Die einzigen Variationen entstanden durch die verschiedenen geometrischen Motive, die die Beete begrenzten und in eine wahre Einlegearbeit aus Pflanzen verwandelten. Oft wurden zwei der Abteilungen jeweils von einem Irrgarten eingenommen, einem runden und einem quadratischen. Rund um diese Motive verlief ein Bogengang, meist aus Spalieren, manchmal auch aus Stein. In Blois und Gaillon gab es runde Pavillons. Wenn das Gelände es verlangte, lagen die Flächen in Terrassen übereinander. Die Stützmauer diente dann zugleich als Mauer für den Bogengang. Außer der Weite der Gärten und dem Reichtum der Motive ist der Unterschied zu den Hofgärten und den Beeten im Schachbrettmuster der vergangenen Jahrhunderte nicht groß. Die Terrassen erscheinen nicht einander untergeordnet, sondern unabhängig nebeneinander zu stehen. Auch der Übergang von einer zur anderen durch Rampen oder Treppen wird eher versteckt als besonders in Szene gesetzt. Die Wege und Alleen sind nicht auf eine bestimmte Aussicht ausgerichtet und erinnern nicht an die Achsen, um die sich die Vatikangärten aufbauen. Auch spektakuläre Wasserspiele, wie sie die Schönheit der Villa d'Este ausmachen, sind keine zu finden. In Frankreich bleiben die Brunnen, selbst wenn sie mit Statuen im antiken Stil geschmückt werden, nur modische Variationen der mittelalterlichen Brunnen, und die Wasserbecken erinnern an die Gräben der Wasserschlösser. Sie ähneln auch den ersten italienischen Gärten des Quattrocento, die damals noch wie in Frankreich den Regeln von Petrus de Crescentiis folgten.

Die französischen Gärten des 16. Jahrhundert stehen in der Tradition der mittelalterlichen Gärten. Sie haben dieselbe strenge Grundform, und, auf sich selbst bezogen, dieselbe friedliche Abgeschiedenheit – auch wenn sie nun mit Rankgittern überzogen oder mit Nischen versehen sind, in denen antike Statuen stehen, sind die Bogengänge doch Nachfolger der Galerien um den Kreuzgang und um die Gärten des 14. Jahrhunderts.

Heute geben die berühmten Gärten des Loire-Schlosses Villandry einen Eindruck davon, wie die erste Hälfte der französischen Renaissance ausgesehen haben könnte: Mehrere Hofgärten liegen übereinander. Der »Jardin d'Amour« bezieht sich offensichtlich auf die Minnedichtung. Im 16. Jahrhundert wird diese noch viel gelesen: Der *Rosenroman* erlebt 14 Neuauflagen zu Anfang des 16. Jahrhunderts. Die französische Übersetzung der *Hypnerotomachia Poliphili* hat einen sehr altertüm-

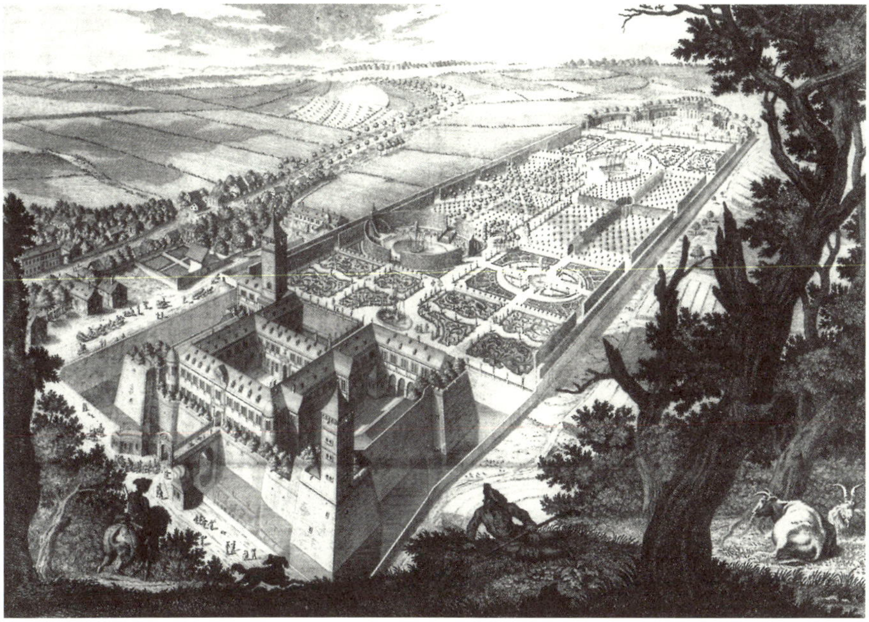

Einen Garten, wie er typisch für die französische Renaissance war, konnte man in Deutschland noch 1728 in Schloß Gaibach bewundern

lichen Stil und behandelt die Geschichte wie einen allegorischen mittelalterlichen Roman im Stil von *Cœur d'amour épris*.

In seinem *Convivium religiosum* beschreibt der Humanist Erasmus von Rotterdam einen Garten, dessen Torwächter der heilige Petrus ist und dessen Beschreibung voller christlicher Symbole ist. Je mehr man zur Mitte des Gartens vordringt, desto mehr wandelt sich die Landschaft von der Wildnis zum gepflegten, ordentlichen Garten. In seinem Herzen liegt ein Beet, dessen Mitte der Brunnen Christi einnimmt: Motive, die völlig in Übereinstimmung mit denen der Klostergärten sind. So wie der *Rosenroman* in der Renaissance weiterhin gelesen wird, werden auch die *Ruralia commoda* von Petrus de Crescentiis mehrmals wiederaufgelegt. Sie beeinflussen weiterhin die französischen Gärtner und darüber hinaus die flämischen und holländischen, deren Gärten bis ins 17. Jahrhundert viele altertümliche Züge bewahrt haben. Nordeuropa zeigte sich insgesamt wenig empfänglich für die italienische Gartenkunst, und mittelalterliche Formen haben hier bis ins 17. Jahrhundert überlebt. In Deutschland haben sich die Pläne und Zeichnungen des Ulmer Architekten Joseph Furtenbach (1591–1667) erhalten, die noch recht nah an den Modellen des 15. Jahrhunderts sind. Sogar in Italien bewahren Gärten wie der des Quirinalspalastes das traditionelle Schachbrettmuster des Mittelalters.

Weniger klar als bei den Renaissancegärten erkennt man auch in den berühmten französischen Barockgärten des 17. Jahrhunderts noch den mittelalterlichen Einfluß. Oft stellt man sie als Abwandlung der italienischen Gärten dar, das ebene Gelände und eine gewisse Ordnungsliebe und Strenge seien der Grund für die Unterschiede im Stil. Doch die Pläne von Androuet du Cerceau, die Werke von Claude Mollet und Olivier de Serres lassen darauf schließen, daß man nicht versucht hat, italienische Vorbilder oder Pläne zu kopieren. Man hat vielmehr versucht, die traditionellen Gestaltungen durch die prestigeträchtigsten Elemente von jenseits der

Alpen zu verschönern und abzurunden, besonders durch Springbrunnen, Grotten und Brunnenhäuschen. In Bezug auf die Perspektive ist zu bemerken, daß die Ausblicke im italienischen Garten sich auf Elemente innerhalb des Gartens richten, die seine Symmetrieachse festlegen und seinen Grundriß gliedern. In Versailles dagegen verliert sich der Blick am Horizont, als ob der Garten keine andere Grenze hätte als die des Königreichs – zweifellos eine symbolische Anspielung auf das Königreich als Garten, ein aus dem Mittelalter überkommenes Bild.

Während der Einfluß der mittelalterlichen Gärten also in der Gartenkunst der Renaissance bestehen bleibt, entwickeln sich die Klostergärten ihrerseits langsam weiter, indem sie Einflüsse des neuen Stils aufnehmen. Das *Monasticon gallicanum*, das fast zweihundert französische Benediktinerklöster in Kupferstichen zeigt, gibt einen Eindruck vom Stil ihrer Gärten. Klar erkennbar sind auf den Zeichnungen von Buchsbaum eingefaßte Beete in komplexen und verfeinerten Formen.

Der Garten von Weikersheim läßt auf der historischen Abbildung noch die klassische Vierteilung mit Brunnen in der Mitte erkennen

An den Hängen der Benediktinerabtei Marmoutier bei Tours ließ sich der Abt Germain Morel Mitte des 17. Jahrhunderts einen Garten in fünf Terrassen anlegen. Die Mauern, von denen einige Zinnen trugen und mit Stützbögen verstärkt waren, waren mit Spalieren bekleidet, an denen Wein und Mandelbäume wuchsen. Im *Monasticon gallicanum* kann man die kunstvolle Aufteilung des Gartens erkennen, mit seinen Beeten, die von hochstämmigen Sträuchern eingefaßt werden, seinen

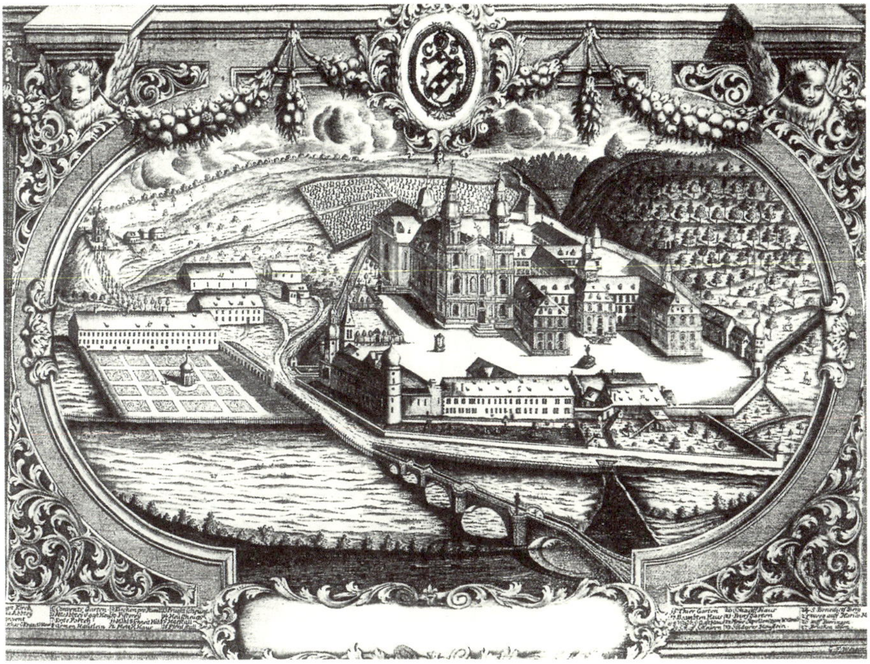

Auch in Deutschland nehmen die Klöster die Einflüsse des Barock auf; hier Kloster Schöntal um 1720

Laubengängen aus Rankgittern, seinem Irrgarten: eine Arbeit, die an die Gärten auf dem römischen Palatin erinnert. Es war ein schönes Werk, doch sein Luxus erschien der Strenge mönchischen Lebens wenig angemessen: Germain Morel wurde vom Generalkapitel von Marmoutier abgesetzt.

Trotz dieses Netzes von gegenseitigen Einflüssen bleibt der Gedanke, daß kein Werk der europäischen Gartenkunst völlig ohne die Gedankenwelt des Mittelalters und des Christentums ausgekommen ist. Die Beziehung zwischen dem Garten und dem Paradies ist niemals ausgelöscht worden. Jenseits der üblichen Vergleiche zwischen einem schönen Garten und den Schönheiten des Paradieses bleibt die menschliche Ursehnsucht nach einem wunderbaren Ort, der den Stürmen entzogen ist und wo das Wetter ewig mild ist. Sie steht am Ursprung eines Konzepts, in dem man die Natur bezwingt, um sie das hervorbringen zu lassen, was sie ohne die Kunst und die Mühe der Menschen nicht geschenkt hätte – besonders da diese Arbeit dem göttlichen Willen entspricht und Gott dem Menschen die Macht gegeben hat, den Dingen und Tieren Namen zu geben und damit die Natur zu beherrschen. In seinem Garten verhält sich der Mensch des Abendlandes immer noch wie ein Gesandter Gottes. Er beherrscht und bezwingt, selbst wenn er sich den Anschein gibt, der Natur zu folgen, um Gärten zu schaffen, die man Landschaftsgärten nennt. In ihnen scheint mehr die Philosophie der Aufklärung ihren Ausdruck zu finden als die christliche Religion.

Die Schöpfung der großen Landschaftsgärten des 18. Jahrhunderts geht tatsächlich auf die Gedanken Rousseaus und seine Verherrlichung der Natur zurück. Rousseau beschreibt auf liebenswürdige Weise eine vollkommene Welt, in der der Mensch im Naturzustand lebt. Für ihn haben das Leben in der Gesellschaft und die Abhängigkeit der Menschen voneinander die Natur verdorben und Armut und

HORTVS
EYSTETTENSIS,
SIVE
DILIGENS ET ACCVRATA OMNIVM
PLANTARVM, FLORVM, STIRPIVM, EX
VARIIS ORBIS TERRÆ PARTIBVS, SIN-
GVLARI STVDIO COLLECTARVM, QVÆ
IN CELEBERRIMIS VIRIDARIIS ARCEM EPISCOPALEM
IBIDEM CINGENTIBVS, HOC TEMPORE CONSPICIVNTVR
DELINEATIO ET AD VIVVM REPRÆSENTATIO
OPERÂ
BASILII BESLERI PHILIATRI
ET PHARMACOPOEI.
M.D C. XIII.
SALOMON
CYRVS.

Sklaverei verursacht. Wenn man diese Gedanken jedoch genauer betrachtet, erkennt man darin ein Muster, das dem der Schöpfungsgeschichte ähnelt. Die Natur ersetzt den Garten Eden, die Erbsünde ist der Verzicht auf die Unabhängigkeit, die die Sklaverei und das Ende des goldenen Zeitalters nach sich zog. Tatsächlich ist der Mythos vom edlen Wilden, der durch Besitz und Zivilisation verdorben wurde und damit das ursprüngliche Glück verloren habe, nichts anderes als eine weltliche Version der Erbsünde.

So gehorchen die Menschen, wenn sie in ihren Gärten eine idealisierte Natur wiedererschaffen, einer Sehnsucht nach der Zeit, als der Mensch mit ihr in Einklang lebte und Arkadien und das Paradies eins waren.

Bildnachweis

Bayer. Staatsbibliothek München: S. 34; Bibliothèque de l'Arsenal, Paris: S. 6, 49, 84, 117; Bridgeman, Berlin: S. 136; British Library: S. 21, 27, 32, 39, 50, 131; Dressendörfer, Werner: Photos S. 25, 72, 77; Faksimileverlag Luzern: S. 99, 110; Französische Nationalbibliothek, Paris: S. 95, 107, 133; Gemäldegalerie Berlin, Bildarchiv preuß. Kulturbesitz: S. 81; Keller, Theo: Photo S. 13; Scala Archives, Florenz: S. 90, 146; Stiftsbibliothek St. Gallen: S. 26, 65; Stuttgart, Württembergische Landesbibliothek: S. 66; Universitätsbibliothek Eichstätt: S. 14, 67, 155, 159, 164; Zodiaque: Vitraux de Chartres, C. und J.-P. Deremble, Paris 2003, S. 8, 52 und 55. – Alle übrigen Abbildungen: Verlagsarchiv.

Wir danken allen Rechteinhabern für die freundliche Genehmigung zum Nachdruck. Trotz nachdrücklicher Bemühungen ist es uns nicht gelungen, alle Rechteinhaber zu ermitteln. Wir bitten diese daher um Verständnis, wenn wir gegebenenfalls erst nachträglich eine Abdruckhonorierung vornehmen können.

Hans-Dieter Stoffler

Kräuter aus dem Klostergarten

ISBN 3-7995-3508-X

Ausgehend von dem Gartengedicht des berühmten Abtes Walahfried Strabo zeichnet der Autor ein Bild der naturheilkundlichen und oft auch spirituellen Bedeutung der im Kloster angebauten Kräuter. Holzschnitte und kolorierte Kupferstiche zeigen den mittelalterlichen Klostergarten.

»Ein Lesevergnügen, eine gelehrte Wanderung durch Botanik und Mythologie, auch eine Buchkostbarkeit mit historischer Illustration« DIE ZEIT

Werner Dressendörfer

Blüten, Kräuter und Essenzen

ISBN 3-7995-3509-8

Der einmalige Reiz, den von den kolorierten Holzschnitten ausgeht, versetzt den Leser und Betrachter in einen scheinbar ferne Zeit, deren Wissen jedoch in vielen Fällen auch heute noch aktuell und gültig ist. Die jeweiligen Darstellungen werden nach einer Einführung in die Grundgedanken der mittelalterlichen Medizin und Pharmazie, wie sie etwa in den Klöstern praktiziert wurden, einzeln beschrieben.

»Ein liebevoll gestaltetes Buch. Wer sich für Heilpflanzen und die Geschichte ihrer Verbreitung interessiert, der wird an diesem Buch seine Freude haben.«
STUTTGARTER ZEITUNG

THORBECKE miniaturen – zum schenken schön

Kräutergärtlein

ISBN 3-7995-0250-5

Das alte Wissen der Mönche um die Heilkraft der Kräuter hat seinen Niederschlag in zahlreichen prachtvoll illustrierten Kräuterbüchern gefunden. Die schönsten dieser Illustrationen vereinigen sich in diesem Buch zu einem Überblick des mittelalterlichen Kräuterwissens.

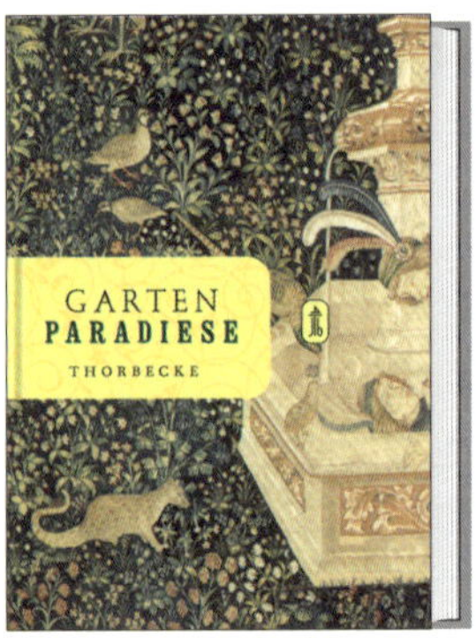

Gartenparadiese

ISBN 3-7995-0251-3

Ein Spaziergang in die verzauberte Welt der geistlichen und weltlichen Gärten des Mittelalters, in einen Zufluchtsort voll symbolischer und spiritueller Bedeutung. Zeitgenössische Abbildungen laden ein, zwischen Rosen und Akelei zu verweilen, wo Drachen und Einhörner sich tummeln und Alraunen wachsen.

Liebespaare

ISBN 3-7995-0252-1

Tristan und Isolde, Abaelard und Heloise – wer kennt sie nicht, die berühmten Beispiele mittelalterlicher Liebe? Diese und andere, bekannte und weniger bekannte Paare aus dem Mittelalter begegnen uns in diesem Büchlein in Text und Bild. Eine Reise in die Welt der Minne, der Troubadoure, Ritter und Burgfräulein.